Cocina Ayurvédica

Amat
editorial

Amat Editorial, sello editorial especializado en la publicación de temas que ayudan a que tu vida sea cada día mejor. Con más de 400 títulos en catálogo, ofrece respuestas y soluciones en las temáticas:

- Educación y familia.
- Alimentación y nutrición.
- Salud y bienestar.
- Desarrollo y superación personal.
- Amor y pareja.
- Deporte, fitness y tiempo libre.
- Mente, cuerpo y espíritu.

E-books:
Todos los títulos disponibles en formato digital están en todas las plataformas del mundo de distribución de e-books.

Manténgase informado:
Únase al grupo de personas interesadas en recibir, de forma totalmente gratuita, información periódica, newsletters de nuestras publicaciones y novedades a través del QR:

Dónde seguirnos:

 | @amateditorial

   | **Amat Editorial**

Nuestro servicio de atención al cliente:
Teléfono: **+34 934 109 793**
E-mail: **info@profiteditorial.com**

Janet Gómez

Cocina Ayurvédica

Recetas fáciles llenas de energía y armonía

Amat
editorial

La edición original de esta obra ha sido publicada en lengua francesa por Éditions Jouvence, con el título original *Recettes ayurvédiques faciles*, de Janet Gómez.

© Janet Gómez, 2017
© Profit Editorial I., S.L. 2017, 2024
Amat Editorial es un sello editorial de Profit Editorial I., S.L.
Travessera de Gràcia, 18; 6º 2ª; Barcelona-08021

Traducción: Betty Trabal Piera
Diseño de cubierta y maquetación: XicArt

ISBN: 978-84-10451-04-9
Depósito legal: B 17686-2024

Impresión: Gráficas Rey
Impreso en España / *Printed in Spain*

Índice

Agradecimientos 7
Nota preliminar. 9
Introducción 11

Planificación y preparación previa 15

Una cena equilibrada 23

Menús semanales para las cenas 27

Recetas 43

Consejos nutricionales 89

Las especias 97

Alimentación ayurvédica 107

Evaluación de tu naturaleza, el *dosha* dominante . . 117

Ejercicio de conciencia 127

Índice de recetas 133
Mismos alimentos, diferentes formas
de llamarlos en el mundo 136

Agradecimientos

Me gustaría expresar mi más caluroso agradecimiento:

A todos los miembros de la comunidad Nutri-Jyoti por su *feedback* durante la elaboración de este libro.

A todos mis profesores, especialmente a Alicia Forest, quien, aunque yo nunca se lo haya dicho, ha influido profundamente en mi forma de realizar mi actividad haciéndome descubrir el marketing desde un punto de vista atractivo y ayudándome a practicarlo con ética; al doctor Shanti Kamlesh, mi primer profesor de nutrición ayurvédica, por quien siento un profundo respeto y una gran admiración; a Fiona Gibson, que me ha enseñado la nutrición naturopática, ella es para mí un modelo de éxito profesional y a ella le debo el haber entendido hasta qué punto la vitalidad y la curación están ligadas a la alimentación;

A mi asistenta virtual, Lisa Wells, por su trabajo y su flexibilidad durante la producción del libro.

A Valentine Mouther, por su trabajo de traducción en el marco de la versión francesa original, y a Sylviane Cudre-Mauroux, por su trabajo de relectura y su apoyo.

A Samuel de Rougemont, quien me motivó a llevar y presentar mi obra original en el Salón del Libro en el año 2008.

A Susan Henderson, Shirley Pordominsky, Chris King, Jessica Albon y Felicia Slattery, por su paciencia y su apoyo práctico.

A mi familia por su amor y su apoyo, también por la educación y formación que he recibido y que me han permitido ser quien soy actualmente.

Nota preliminar

La presente publicación ha sido concebida con un objetivo instructivo e informativo. Eso no significa que sustituya a la consulta de un profesional de la salud. Aunque hemos procurado presentar informaciones completas, estas no son un diagnóstico, ni una receta médica, ni instrucciones para un tratamiento. La autora declina cualquier responsabilidad por lo que se refiere a los daños o perjuicios que pudieran derivarse, directa o indirectamente, de la utilización de cualquier información de este libro.

Introducción

Una de las claves para tener buena salud y sentirse lleno de vitalidad es prepararse uno mismo la comida. Pero ¿cómo hacerlo después de un largo día de trabajo? He escrito este libro, *Cocina ayurvédica*, para ayudarte en este fin y así mejorar tu calidad de vida. Es una guía de cocina que te propone recetas rápidas para elaborar comidas equilibradas y sabrosas que te convienen y responden a tus necesidades.

No podemos contar siempre con que las comidas de los restaurantes o bares, sea cual sea el precio, nos aportarán la vitalidad necesaria. El «menú del día» es a veces la ocasión de dar salida a los alimentos a punto de caducar o de cocinar con productos baratos del mercado.

Recordemos que en la vida todo tiene un precio y si no lo pagamos con dinero muy probablemente lo pagaremos de otra forma, y entonces quizá sea tarde. En el caso de la alimentación, lo pagaremos en energía y vitalidad. Entonces, ¿qué podemos hacer?

Mi intención no es prohibir la comida de los restaurantes. Creo en la regla 80/20. Si nos preparamos el 80% de las comidas, podemos comer el 20% restante en los restaurantes. El problema es que la mayoría de la gente lo hace al revés, algo que es bastante eficaz en según qué ámbitos (por ejemplo, el 20% de nuestro tiempo basta para realizar el 80% de nuestro trabajo), pero no en el de la alimentación. En cambio, si nos preparamos la mayor parte de la comida, elegiremos realmente los alimentos que comemos y:

- disminuiremos nuestras necesidades (y, por la misma razón, los kilos de más),

- conservaremos, incluso mejoraremos, nuestra vitalidad, y

- tendremos la satisfacción de alimentarnos a nosotros mismos y de sentirnos bien.

Muchas veces oigo a la gente decir: «No tengo ni el tiempo ni el dinero necesario para prepararme la comida». Pero se puede ahorrar cocinando para uno mismo, sobre todo si tienes el hábito de comer fuera. Y si eres de los que te llevas comida preparada de casa, cuenta lo que te gastas y verás cómo, contrariamente a lo que puedas pensar, los productos biológicos frescos son solo un poco más caros que los alimentos transformados.

Nos queda el problema del tiempo. Tienes que elegir: ¿prefieres «pagar» ahora invirtiendo un poco de tiempo y energía en la preparación de tus comidas o sufrir después las consecuencias de haber estado comiendo durante mucho tiempo comidas desnaturalizadas? Yo ya he elegido. ¿Y tú?

Tengo una buena noticia: prepararse la comida uno mismo no requiere ni mucho tiempo ni mucho dinero. He escrito este libro de cocina con la intención de responder a mis clientes que querían recetas rápidas y fáciles para preparar por la noche, cuando regresan del trabajo. De este modo, he tenido en cuenta que la planificación y las fases de preparación previas cuentan tanto como la elaboración de la propia comida. El primer capítulo del libro se titula «Planificación y preparación previa». A continuación viene un capítulo que explica por qué es importante que una comida sea equilibrada. Los menús propuestos han sido elaborados para asegurarte una comida equilibrada cada noche. ¿Todavía dudas? Entonces, sigue leyendo y descubrirás lo fácil que es alimentarte saludablemente en poco tiempo.

En los menús para tres semanas encontrarás las listas de lo que debes comprar semanalmente y las indicaciones sobre los cereales y otros tipos de granos que se utilizan en la elaboración de los diferentes platos. Las recetas saladas, azucaradas y las bebidas pueden utilizarse con los menús o por separado, como otra comida.

También he incluido una explicación de las especias más comunes y las referencias de los libros que he consultado para que tú también puedas informarte.

La inversión que has hecho en este libro es una inversión en tu vida futura. Estoy convencida de que tu interés crecerá a medida que vayas notando cómo aumenta tu energía durante los 21 días que duran los menús. El enfoque holístico que propongo para las comidas te aportará, además de calidad de vida, un despertar en plena forma para cada día.

Estoy contenta de que hayas elegido dinamizar tu vitalidad a través de la alimentación leyendo este libro. Te deseo mucho éxito y satisfacción.

¡Que aproveche!

Janet Gómez
Nutricionista
Génova, Suiza
www.nutriyoti.ch

PLANIFICACIÓN Y PREPARACIÓN PREVIA

Algunas personas se han acostumbrado a cocinar el fin de semana y congelar la comida en porciones que puedan utilizarse en cualquier momento. El sistema que yo te propongo no está basado en esta manera de cocinar. Creo que los alimentos congelados solo deberían utilizarse como último recurso porque nuestro cuerpo se merece algo mejor.

Durante mis estudios de nutrición ayurvédica (el sistema Ayurveda, original de la India, se practica desde hace más de cinco mil años), aprendí a conocer las propiedades de los alimentos. Estas propiedades actúan a nivel físico, mental y emocional. Por ejemplo, una manzana madura y fresca será fácil de digerir. Desde el primer mordisco sentirás la energía intensa de la fruta y su sabor. Los productos frescos, biológicos, cultivados localmente, exentos de aditivos y maduros aumentan la satisfacción, la calma y la paz interior.

En nutrición ayurvédica, estos alimentos son, por ejemplo, el arroz (integral para los que lo digieren bien), la quinua, la espelta, el trigo integral, las verduras frescas, la lechuga, las legumbres, las frutas dulces maduras, los lácteos, la miel, el pepino y el limón. Según esta tradición, estos alimentos contienen todos los nutrientes que la naturaleza nos ha querido dar. Son capaces de interactuar los unos con los otros por el bien del cuerpo. Es la razón por la cual es mejor que sacies tu necesidad de vitamina C con cítricos frescos que con comprimidos. Los productos integrales contienen también fibras que disminuyen las ganas de comer alimentos «insanos». Y aunque de vez en cuando los tomes, serás consciente de la diferencia de calidad entre los dos.

Retomando la analogía de antes, imagínate que con el tiempo la manzana se seca y se pudre. En este estado, si decides comértela igualmente, tu organismo tendrá que hacer mucho más esfuerzo para digerirla, en detrimento de otras funciones. A veces, el cuerpo tiene que emplear más energía de la que obtiene para digerir este tipo de alimentos. Si esto se repite, esta pérdida de energía puede provocar pensamientos negativos, baja autoestima, e incluso graves enfermedades. Los alimentos transformados, los platos precocinados, los alimentos con demasiado sabor añadido, la carne de mala calidad y todo aquello que no es demasiado fresco o es demasiado azucarado, salado, sazonado o graso, forman parte de este tipo de alimentos. ¿Dudarías en comer o no comer una manzana podrida? Si es así, tendrías que hacer lo mismo con todos los otros alimentos de este género.

Los alimentos congelados que provienen del supermercado, o que tú mismo has congelado, deberían ser también una **excepción**. La energía que estos alimentos aportan estimulan los sentidos. Me dirás entonces que son beneficiosos, ¿no? Sí, pero si los consumes en exceso pueden romper tu equilibrio emocional y producir irritabilidad, celos, ansiedad e incluso ira. Por lo tanto, consúmelos con moderación para que tu ritmo de vida sea tranquilo.

Un principio importante del enfoque ayurvédico en la nutrición es el concepto de los seis sabores: dulce, salado, ácido/agrio, picante, amargo y astringente. Estos sabores se clasifican en dos grupos: los que calientan y los que refrescan.

Cada uno de estos seis sabores está relacionado con cinco elementos, –éter/espacio, aire, agua, fuego y tierra– que se encuentran en nosotros y a nuestro alrededor. Estos cinco elementos están también asociados a tres naturalezas (*dos-*

> **Un pequeño consejo:**
> • Compra siempre ingredientes de buena calidad, biológicos a ser posible, para facilitar la tarea de preparación rápida de platos equilibrados y sabrosos.

has), que son Vata, Pitta y Kapha, conceptos muy conocidos en el sistema ayurvédico (para una explicación más detallada, véase el capítulo «Alimentación ayurvédica»).

Un pequeño consejo:
- Guarda las verduras cortadas en recipientes cerrados.

Cada una de estas naturalezas necesita estos seis sabores por lo menos en una comida diaria para satisfacer las papilas gustativas y para la mente. Por lo tanto, una comida es equilibrada si contiene las cualidades apropiadas a tu naturaleza de los seis sabores. Es una forma muy simple de reencontrar el equilibrio.

Otro punto importante en el enfoque ayurvédico: todo alimento cocinado y conservado en la nevera más de tres días se considera pesado. Su digestión exigirá mucha energía y no aportará casi nada. **Nada como los productos frescos** para mejorar tu vitalidad.

Casi todas las recetas que recojo en este libro te llevarán entre 15 y 30 minutos de preparación, con la condición de que hayas respetado las fases de planificación y preparación previa. Así, el beneficio que obtendrás de estos platos preparados de una manera fresca será óptimo.

¿Estás deseando saber preparar platos rápidos, sanos y sabrosos que te dejen el estómago ligero y las pilas totalmente recargadas? Empecemos pues por la preparación previa.

Aquí tienes doce formas de facilitar la preparación de tus platos conservando su sabor y salubridad:

1. ¡Prepárate! Al hacer la compra, adquiere cereales, legumbres, especias, aceites, nueces y semillas no saladas, frutos secos y una variedad de verduras frescas. Prácticamente todos estos alimentos se pueden conservar bastante tiempo y son importantes para cocinar platos sanos y sabrosos.

2. Elige buenos cereales para una cocción rápida. Estoy pensando en el arroz *basmati*, en la quinua, en el mijo y la sé-

mola de cuscús. Son fáciles de preparar, se digieren fácilmente y ensucian pocos cacharros.

3. Almacena bien. Después de quitar el envase y de haber verificado que las verduras no tienen moho, guárdalas en el armario de la cocina, en la nevera o en cestas bien ventiladas y lejos de la luz.

4. Utiliza hierbas aromáticas. Por su sabor, el perejil, la albahaca y la menta dan mucho gusto a los platos.

Un pequeño consejo: si compras un ramillete grande, pon los tallos en un frasco con agua y extiende un trapo húmedo encima para conservar el frescor.

5. Compra una buena batería de cocina. Las cacerolas de acero, hierro fundido, cerámica y cobre son las mejores y las que más duran. Además, facilitan la preparación de la comida equilibrada.

Piensa en comprar un vaporizador de arroz. Sirve para preparar el arroz pero también otros platos fáciles y rápidos de arroz, verduras y lentejas, y la comida se hace sola. El resultado es un plato muy sabroso.

6. ¡Cocina al vapor y ganarás tiempo! Si todavía no tienes cesto para el vapor, te aconsejo que te compres uno y empieces a cocinar al vapor. Ganarás tiempo y te sentirás tan bien que de verdad vale la pena el gasto. Aprenderás a cocinar verduras al vapor en el capítulo «Recetas». Añade una salsa a la ensalada o aceite de oliva, unas gotas de zumo de limón y pimienta negra y sazónala con hierbas aromáticas. ¡Eso es todo! (La forma preferida del Ayurveda está en el capítulo «Una alimentación ayurvédica»).

7. Busca a alguien que te haga la compra. Una tarea fácil de delegar si le das una lista. Tendrás así más tiempo para cocinar o para otras actividades.

8. Aprovecha el fin de semana para planificar el menú de la semana. Este libro propone unos menús para tres semanas, pero el orden se puede modificar.

9. Haz una lista con lo que has de comprar para así tener todos los ingredientes necesarios cuando llegue el momento. Yo he preparado las listas semanales de los menús que propongo.

10. Por norma general, prevé comprar todo lo que necesitas en una sola vez. Y puesto que los alimentos integrales suelen estar agrupados en una misma sección en los supermercados, podrás evitar los estantes de los productos transformados y de los platos preparados.

11. Para calentar un plato, es preferible el horno o una olla de vapor (cuando yo era pequeña, mi cena siempre se calentaba así) que el microondas: sus radiaciones son nocivas, por no hablar de que si calientas los alimentos en un recipiente de plástico, los ftalatos que contiene pasan a los alimentos. Para eliminar estas toxinas, el cuerpo tiene que utilizar energía extra.

12. Haz participar a tu familia y amigos, por ejemplo, a la hora de la compra (de ahí la importancia de hacer una lista) o de la preparación. Una persona que viva sola podrá asociarse con sus vecinos para que cada uno cocine unos días determinados. Esta repartición de las tareas y las comidas en común que seguirán serán tan alimenticias para el cuerpo y para el espíritu como los propios alimentos.

UNA CENA EQUILIBRADA

¿Sabes por qué es importante cenar ligero pero bien?

Primero, ¿por qué cenar ligero?

Según el Ayurveda, nuestro cuerpo tiene una capacidad de digestión máxima entre el mediodía y las tres de la tarde. Por la noche, la digestión es más difícil, por eso es preferible hacer una cena ligera, es decir, rica en hidratos de carbono pero pobre en proteínas y grasas. Lo ideal sería que tomaras la última comida tres horas antes de acostarte y que te acostaras como máximo a las once de la noche.

La medicina tradicional china explica que entre las once de la noche y las tres de la madrugada la vesícula biliar y el hígado realizan su trabajo de limpieza, y el cuerpo durante este periodo debería estar acostado. El hígado, un órgano muy activo, tiene también la misión de digerir los hidratos de carbono, las grasas y las proteínas. Si cenas tarde, el hígado estará en plena digestión cuando te vayas a la cama y tampoco podrá realizar su trabajo de limpieza correctamente. ¿Te ha pasado alguna vez que te levantas mareado aunque no hayas bebido alcohol? Ahora entiendes por qué.

Y ¿por qué cenar bien?

Es importante cenar lo suficiente para no tener hambre a la hora de acostarse, en caso contrario no se duerme bien. Los hidratos de carbono, por ejemplo, los del pan, las pastas y el arroz, contienen triptófano, un aminoácido esencial para la producción de melatonina, la cual, a su vez, te garantiza un sueño de calidad.

Para entender mejor cómo tener una sensación de vitalidad comiendo comidas equilibradas, pasa a la propuesta del capítulo «Ejercicio de conciencia».

MENÚS SEMANALES PARA LAS CENAS

*I*ntroducción

Este capítulo está dedicado a los menús de las cenas. Está subdividido en tres partes que corresponden a cada semana, y cada uno de los menús lleva por lo menos dos cereales. Además, se aporta información que te ayudará a entender qué comes y por qué. Después de cada menú propuesto verás la lista de la compra; se trata de que siempre tengas a mano los ingredientes necesarios para elaborar tus platos. Puedes, por ejemplo:

- Leer el menú el día antes para saber si tienes que preparar algo previamente y,

- copiar el menú y la lista de la compra para verificar las provisiones de tu despensa antes de ir a hacer la compra. En las listas se indican cantidades mayores que las que necesitarás para las recetas.

Cereales y una semilla

El trigo, la espelta y el kamut: cereales con gluten

El trigo, la espelta y el kamut son los tres de la misma familia. El más conocido es el **trigo**, un alimento que, si se come integral, es rico en vitaminas y minerales. El trigo tiene mala fama por la intolerancia de algunas personas que al comerlo sienten hinchazón, dolor de barriga y malas digestiones. Pero es el trigo refinado el que provoca estos problemas, porque ha perdido la mayoría de sus nutrientes. El fenómeno de la intolerancia se debe, casi siempre, a la calidad y cantidad de trigo refinado consumido. El trigo integral biológico es menos susceptible de causar estos desarreglos. En las recetas de este libro, el trigo puede sustituirse por la espelta o el *kamut*. Si eres celíaco, te aconsejo que pases a las recetas a base de trigo sarraceno. En Ayurveda, el trigo tiene sabor dulce y es refrescante.

La **espelta** es prima del trigo aunque más antigua que muchas variedades híbridas del trigo. Sus ventajas: proporciona un abanico de nutrientes más amplio que el de sus primos cruzados de la especie *Triticum* (trigo). Puede sustituir al trigo en muchas elaboraciones, sobre todo en la del pan y las pastas, sin causar las mismas intolerancias que el trigo. Es muy rica en vitamina B2, niacina, fibras alimentarias y zinc. La combinación de nutrientes específicos de la espelta la convierte en un alimento muy beneficioso para las personas que sufren migrañas, arterioesclerosis o diabetes. La espelta contiene también proteínas. 50 gramos de este cereal, aportan más de 7,6 gramos de proteínas, siendo 15,1% la dosis diaria recomendada.

En cuanto al sabor, la espelta es astringente y picante, por lo que tiene un efecto caliente en el cuerpo.

Actualmente, se habla mucho del **kamut**, otro pariente del trigo. El nombre comercial elegido para este cereal es la palabra «trigo» en egipcio antiguo, pues esta variedad proviene de los granos encontrados en las tumbas de Egipto. Su clasificación, sin embargo, todavía no se ha determinado exactamente. El *kamut* contiene muchas proteínas y algo más de materias grasas que el trigo. Es, por lo tanto, una buena alternativa para las personas celíacas. Sin embargo, igual que ocurre con cualquier alimento, hasta que no lo pruebes no sabrás si te sienta bien o no. Tiene un sabor dulce y es refrescante.

El trigo, la espelta y el *kamut* contienen triptófano, un aminoácido importante para el sueño. Son, en consecuencia, ingredientes ideales para la cena. Se pueden encontrar en diferentes formas: harina, sémola, pasta, pan, etc. En el capítulo de las recetas aprenderás a preparar la sémola del cuscús, pastas caseras y pan.

El trigo sarraceno: sin gluten

Durante la primera semana aprenderás a conocer el trigo sarraceno. Muchos piensan que es un cereal, pero no lo es. Es la semilla de una planta parecida al ruibarbo y a la acedera, y es también una solución para las personas celíacas.

El trigo sarraceno se vende tostado o sin tostar (hablamos entonces del *kasha*). Si es sin tostar, tiene un gusto fino y sutil. Si es tostado, tiene un sabor más pronunciado. Tiene un color entre rosa claro y marrón. Puede transformarse en harina, de la que hay dos variedades: la clara y la oscura, más rica desde el punto de vista nutricional. El trigo sarraceno no contiene gluten y su harina suele mezclarse con una harina glutinosa para preparar las mezclas.

Parece que los regímenes alimentarios que incluyen trigo sarraceno ayudan a reducir el nivel de colesterol y la presión sanguínea. Además, su alto contenido de magnesio (unos 86 miligramos por 250 gramos) dilata los vasos sanguíneos, mejora la circulación de la sangre y el aporte de nutrientes, y baja la presión sanguínea, tres condiciones esenciales para la buena salud del sistema cardiovascular.

Los nutrientes del trigo sarraceno ayudan, además, a regular el nivel de azúcar en la sangre. Un estudio sobre el impacto en

el nivel de azúcar en la sangre del trigo sarraceno sin cáscara y del pan hecho con harina refinada ha demostrado que el trigo sarraceno reduce el nivel de glucosa en la sangre y la respuesta insulínica. El trigo sarraceno integral tiene también la propiedad de que reduce el hambre. Además, contiene una proporción elevada de los ocho aminoácidos esenciales, los que no pueden ser sintetizados por el organismo: isoleucina, leucina, lisina, treonina, triptófano, valina, metionina y fenilamina.

Su consumo puede contribuir a disminuir los síntomas relacionados con la alergia al polen, como el picor de los ojos y el moqueo, gracias a un flavonoide denominado *quercetina*, un poderoso antihistamínico y antiinflamatorio que se opone a la liberación de las sustancias responsables de los síntomas típicos de la alergia.

En cuanto a su sabor ayurvédico, el trigo sarraceno es astringente, dulce y picante, y tiene un efecto de calor en el cuerpo.

¿Cómo conservarlos?

Los tres cereales deben conservarse en un bote hermético en un lugar fresco y seco, alejado de la luz. La harina de espelta y el trigo integral deben guardarse en la nevera para conservar su valor nutritivo.

Conserva el trigo sarraceno en un bote hermético en un lugar fresco y seco. La harina de trigo sarraceno se guarda en la nevera. Durante el verano o si vives en un clima cálido, deberías guardar todos los otros productos hechos con trigo sarraceno en la nevera.

Semana 1

Plan de menú semanal

Domingo: cuscús al curri de garbanzos y verduras (p. 56).

Lunes: bocadillo con salsa de garbanzos y de ensalada verde con salsa simple (pp. 72 y 73).

Martes: trigo sarraceno con verduras y especias (pp. 46 y 61).

Miércoles: pasta casera con salsa de piñones acompañada de verduras hechas al vapor (pp. 49, 52 y 73).

Jueves: dosas (especie de crep con especias) con ensalada verde (p. 57).

Viernes: ensalada de trigo sarraceno caliente (p. 69).

Sábado: sopa de *mung dahl* y verduras con albóndigas (p. 79).

Aceites y grasas

- *1 l de aceite de oliva*
- *200 g de mantequilla para preparar el* ghee
- *250 ml de aceite de girasol*
- *1 l de aceite de sésamo*

Semillas, cereales y legumbres

- *1 kg de harina integral (trigo, espelta o* kamut*)*
- *200 g de sémola de cuscús*
- *400 g de trigo sarraceno*
- *1 kg de quinua*
- *500 g de garbanzos*
- *500 g de* mung dahl

Frutas y verduras

- *8 limones*
- *3 zanahorias medianas*
- *1 kg de verduras de temporada*
- *1 manojo de cebollino*
- *2 pimientos*
- *1 lechuga grande o ensalada verde*
- *2 ramilletes de perejil y/o cilantro*

Especias y condimentos

- *100 g de jengibre fresco*
- *50 g de cilantro en grano*
- *50 g de comino en grano*
- *50 g de hinojo en grano*
- *50 g de cardamomo en polvo*
- *50 g de cúrcuma*
- *Un paquete de sal de mar*
- *Un palo de canela*
- *Un paquete de vainas de cardamomo*
- *25 g de pimienta en polvo*
- *25 g de comino en polvo*
- *25 g de hinojo en polvo*

Frutos secos, semillas, etc.

- *50 g de piñones*
- *Una bolsita de semillas de calabaza*

Cereales sin gluten

El maíz

Alimento de base en muchos países. Está considerado un cereal y una verdura al mismo tiempo. Existen numerosas variedades de maíz, sobre todo por lo que a su color se refiere. El maíz aporta nutrientes importantes para los huesos, los músculos, el sistema nervioso y el cerebro. Puede reducir el riesgo de enfermedades cardiovasculares.

El maíz se puede hervir o hacer a la brasa, y lo ideal es tomarlo cuando es la temporada. Elige el que tenga hojas verdes, tallos dorados y granos jugosos.

El maíz contiene una tasa elevada de materias grasas, por lo que conviene comprarlo en pequeñas cantidades y consumirlo rápidamente. La sémola de maíz es ideal en lo que respecta a sabor y nutrientes. El maíz es rico en hidratos de carbono complejos y contiene tiamina, riboflavina, niacina y mucho potasio y magnesio. La diferencia entre la sémola de maíz y la polenta está en su textura: la sémola es más fina que la polenta.

En Ayurveda, el maíz es de sabor dulce y tiene un efecto caliente.

El mijo

El mijo es un grano redondo muy pequeño que puede ser blanco, gris, amarillo o rojo. El mijo perla es la variedad más corriente.

El mijo no es solo una alternativa interesante a los cereales corrientes. Es más rico que el trigo y el arroz integral en algunas vitaminas B (vitamina B1 o tiamina, vitamina B3 o niacina), así como en fósforo, cobre, magnesio y hierro. Gracias a la tiamina que contiene, el mijo contribuye a la salud del sistema nervioso; su contenido en magnesio y niacina hace que sea un

buen protector del corazón, mientras que su aporte en fósforo ayuda a reparar los tejidos del cuerpo. Así, 250 gramos de mijo crudo, por ejemplo, aportan el 23,6% de las necesidades diarias de tiamina, el 33% de magnesio, el 22,9% de niacina y el 34,3% de fósforo. Su contenido de proteínas cambia según la variedad, pero es generalmente parecido al del trigo.

Por tener un pH neutro, el mijo se recomienda para neutralizar los efectos de la acidez y, por tanto, es un buen alimento para el colon. En Ayurveda, el mijo tiene sabor dulce y calienta el cuerpo.

¿Cómo conservarlos?

El maíz debería consumirse lo más fresco posible. Guarda la sémola en un bote hermético en la nevera.

El mijo se conserva más meses en un bote hermético, en un lugar fresco, seco y lejos de la luz.

Semana 2

Plan de menú semanal

Domingo: sémola caribeña al curri de judías verdes (pp. 55 y 74).

Lunes: sopa de maíz y patatas (p. 75).

Martes: ensalada caliente de mijo, semillas y verduras salteadas con especias (pp. 61 y 70).

Miércoles: sopa de lentejas con albóndigas (p. 78).

Jueves: mijo pilaf y ensalada variada (p. 63).

Viernes: sopa de calabacín con *muffins* de sémola de maíz (pp. 62 y 76).

Sábado: mijo con zanahoria con cilantro y jengibre (pp. 51 y 54).

Aceites y grasas

- *1 l de aceite de oliva*
- *200 g de mantequilla para preparar el* ghee
- *1 l de aceite de sésamo*

Granos, cereales y legumbres

- *500 g de sémola integral de maíz*
- *500 g de mijo*
- *500 g de harina integral de trigo, espelta o* kamut
- *500 g de lentejas rojas*

Frutas y verduras

- *200 g de judías verdes*
- *2 patatas medianas*
- *8 limones*
- *2 mazorcas de maíz*
- *2-3 calabacines medianos*

- *2 zanahorias medianas*
- *1 kg de verduras de temporada troceadas*
- *2 ramas de perejil*

Especias y condimentos

- *100 g de jengibre fresco*
- *50 g de cilantro en grano*
- *50 g de comino en grano*
- *50 g de hinojo en grano*
- *50 g de pimienta negra*
- *50 g de cúrcuma*
- *50 g de mostaza en grano*
- *Un ramillete de hojas de laurel*
- *Una bolsa pequeña de sal Rocher o de mar*
- *Un palo de canela*
- *30 g de tomillo (seco o fresco)*
- *Un paquete de vainas de cardamomo*
- *½ pimiento*

Frutos secos, semillas, etc.

- *100 g de semillas de calabaza*
- *100 g de semillas de girasol*
- *100 g de anacardos*
- *100 g de azúcar no refinado*
- *Un puñado de pasas*
- *Una bolsita de coco rallado*

Cereales sin o con un poco de gluten

El arroz: sin gluten

El arroz es el cereal que más se consume en el mundo. Existen dos grandes familias de arroz según el clima. La primera, denominada *japónica*, crece en las regiones cálidas y húmedas. Este arroz de grano corto se vuelve pegajoso al cocerlo. Son las variedades que se utilizan para preparar el *sushi* y el *risotto*. La segunda familia, denominada *índica*, crece en lugares fríos. Su grano largo conserva la forma después de cocinarlo. El *basmati* es uno de ellos.

El arroz se compone de un 80% de almidón y un 10% de agua. Desempeña un papel importante en la alimentación porque aporta proteínas, tiamina, fósforo y potasio.

El arroz integral es el que contiene más vitaminas y minerales. La medicina china lo considera muy beneficioso para los riñones y los intestinos, aunque es más difícil de digerir que el arroz blanco. El *basmati* es especialmente apreciado en la medicina ayurvédica porque ejerce una acción calmante en los estómagos irritados y es fácil de digerir. Tiene un sabor dulce y puede tener un efecto refrescante (por ejemplo, el arroz *basmati*) o caliente (por ejemplo, el arroz redondo integral).

La quinua: pobre en gluten

Suele asimilarse a un cereal, pero la quinua es el grano de una planta parecida a la remolacha y a la espinaca. Es muy nutritiva y rica en aminoácidos, además de tener un sabor fino y delicioso. Al cocerla se hincha y desarrolla una textura que es al mismo tiempo cremosa y ligeramente crujiente. La variedad más corriente es la amarilla transparente, pero la hay también naranja, rosa, roja, violeta o negra.

La quinua es una fuente de proteínas integrales, es decir, contiene los nueve aminoácidos esenciales: isoleucina, leuci-

na, lisina, metionina, fenilalanina, treonina, triptófano, valina e histidina. Gracias a esta propiedad, la quinua es un alimento rico y muy elegido por los vegetarianos que desean tener el aporte de proteínas adecuado. Entre los aminoácidos, la lisina, esencial para el crecimiento y la reparación de los tejidos, está muy presente en la quinua. Además de proteínas, aporta otros nutrientes beneficiosos para la salud. Así, 250 gramos de quinua cocida contienen casi tanto calcio como un litro de leche. Es muy rica en magnesio, un elemento que favorece la dilatación de los vasos sanguíneos, y por tanto es útil en caso de migraña. Y por último, contiene gran cantidad de vitamina B2, vitamina E, zinc y fibras alimentarias.

En cuanto a su sabor, la quinua es dulce y astringente, y tiene un efecto refrescante en el cuerpo.

¿Cómo conservarlos?

El arroz puede conservarse largo tiempo. Guárdalo en un bote hermético en un lugar fresco, seco y lejos de la luz, para evitar la pérdida de vitaminas. El arroz integral, en la nevera, se conservará como máximo varios meses.

La quinua tiene que guardarse en un bote hermético puesto que las numerosas grasas que contiene se alteran enseguida. Se conserva mejor en el frigorífico (entre tres y seis meses).

Semana 3

Plan de menú semanal

Domingo: arroz y legumbres a la caribeña y ensalada verde (p. 67).

Lunes: *kitcheree* (p. 58).

Martes: arroz pilaf y ensalada verde (p. 64).

Miércoles: sopa de verduras y quinua (p. 77).

Jueves: arroz y lentejas con zanahoria con cilantro y jengibre (pp. 54 y 68).

Viernes: quinua con verduras al curri (pp. 51 y 59).

Sábado: quinua con verduras (p. 66).

Aceites y grasas

- *1 l de aceite de oliva*
- *200 g de mantequilla para preparar el* ghee
- *250 ml de aceite de girasol*
- *1 l de aceite de sésamo*

Granos, cereales, legumbres

- *1 kg de arroz* basmati
- *1 kg de quinua*
- *200 g de judías rojas*
- *500 g de lentejas rojas*

Frutas y verduras

- *8 limones*
- *3 zanahorias medianas*
- *500 g de verduras de temporada*

- *1 lechuga grande o ensalada verde*
- *2 ramilletes de perejil*

Especias y condimentos

- *100 g de jengibre fresco*
- *50 g de cilantro en grano*
- *50 g de comino en grano*
- *50 g de clavo*
- *50 g de hinojo en grano*
- *50 g de cardamomo en polvo*
- *50 g de cúrcuma*
- *50 g de mostaza en grano*
- *1 bolsa pequeña de sal Rocher o de mar*
- *Un ramillete de hojas de laurel*
- *1 palo de canela*
- *25 g de tomillo (seco o fresco)*
- *Un paquete de vainas de cardamomo*
- *25 g de pimienta en polvo*
- *25 g de comino en polvo*
- *25 g de hinojo en polvo*

Frutos secos, semillas, etc.

- *50 g de pistachos*
- *Un puñado de pasas*
- *Una bolsita de coco rallado*

RECETAS

Consejos generales

- La sal de las recetas será, si es posible, sal del Himalaya o sal de mar fina (la primera es preferible por su alto contenido de minerales, que la hace particularmente digerible).

- Utiliza ingredientes biológicos, locales y de temporada. A falta de estos, compénsalo con un poco de calma y amor en la preparación.

- Para saber cuándo el aceite está suficientemente caliente para echar las especias, pon un grano de comino. Si se forman pequeñas burbujas a su alrededor es que el aceite está caliente. Si no, espera un poco más.

- Guarda las especias secas en botes herméticos de cristal o acero inoxidable para que conserven mejor el sabor.

- Cuando una receta incluya sal o pimienta, añádelas a tu gusto.

- Cuando empieces a cocinar, pon un poco de agua a hervir para poder añadirla a tus platos si es necesario. Si añades agua fría la cocción se ralentiza.

- A no ser que se indique lo contrario, las recetas están pensadas para dos personas.

Preguntas frecuentes sobre las principales preparaciones de la cocina ayurvédica

¿Cómo preparar las especias?

Tiempo de preparación: 5 min
Listo para comer en 5 min

Ingredientes

- *Vainas de cardamomo*

Elaboración

1. Poner algunas vainas de cardamomo en un mortero.
2. Apretar las vainas para romperlas y que salgan las semillas.
3. Machacarlas hasta hacerlas polvo con una mano de mortero.
4. Utilizarlas en un plato o guardarlas en un frasco de cristal cerrado.

Inspiración de la receta:
Mi propia experiencia

¿Cómo preparar el trigo sarraceno?

Tiempo de preparación: 5 min
Tiempo de cocción: 20 min
Listo para comer en 25 min

Ingredientes

- *100 g de trigo sarraceno*
- *Agua*
- *Una pizca de sal*

Elaboración

1. Lavar el trigo.
2. Ponerlo en una sartén con el doble de agua.
3. Llevar a ebullición, reducir el fuego y dejarlo cocer a fuego lento durante 20 min.

Inspiración de la receta:
Mi propia experiencia

¿Cómo preparar el arroz basmati?

Tiempo de preparación: 5 min
Tiempo de cocción: 10 min
Listo para comer en 15 min

Ingredientes

- *70 g de arroz* basmati
- *Agua*
- *½ cucharadita de sal*
- *Una pizca de cúrcuma*

Elaboración

1. Lavar el arroz hasta que el agua salga clara.
2. Ponerlo en una cacerola y añadir el doble de agua.
3. Añadir la sal y la cúrcuma (optativo).
4. Poner a hervir.
5. Reducir el fuego, cubrir y dejar cocinar a fuego lento durante 5 min.
6. Apagar el fuego y dejar reposar.

Inspiración de la receta:

Mi propia experiencia; mi profesor el doctor Kamlesh

¿Cómo preparar la sémola de cuscús?

Tiempo de preparación: 5 min
Tiempo de cocción: 5 min
Listo para comer en 10 min

Ingredientes

- *Sémola de cuscús*
- *Agua*
- *Aceite de oliva al gusto*

Elaboración

1. Llevar el agua a ebullición.
2. Poner la sémola en un bol.

3. Añadir el doble de agua hirviendo que de sémola.
4. Cubrir y dejar reposar durante 5 min.
5. Añadir el aceite de oliva y remover un poco.

Inspiración de la receta:
Mi propia experiencia; libros de recetas

¿Cómo preparar el ghee?

Ingredientes

- 250 g de mantequilla no salada
- Un filtro de papel de café (no blanqueado)

Elaboración

1. Colocar la mantequilla en una cacerola sólida.
2. Calentar a fuego medio hasta que toda la mantequilla se haya fundido.
3. Reducir el fuego al mínimo.
4. Dejar cocer hasta que la mantequilla esté dorada (entre 15 y 20 min) retirando la mousse que se forma.
5. Si la mantequilla empieza a quemarse, retirarla rápidamente del fuego.
6. Pasarla por el filtro de papel.
7. Verterla con cuidado en un bote de cristal.
8. Dejar reposar y enfriar y tapar.

Inspiración de la receta:
Mi propia experiencia; libros de recetas

Nota: **utiliza siempre una cuchara limpia y seca para servirlo.**

Consejo culinario:
- Si el *ghee* se hace de manera correcta se puede guardar hasta un mes, o incluso más, fuera de la nevera.

¿Cómo preparar el pan?

Tiempo de preparación: 5 min
Tiempo de cocción: 10 min
Listo para comer en 15 min

Ingredientes

- *200 g de harina (trigo integral, espelta o kamut)*
- *Una pizca de sal*
- *Un vaso de agua tibia*

Elaboración

1. Calentar una sartén (preferentemente de hierro fundido) a fuego medio.
2. Mezclar la harina y la sal.
3. Añadir el agua de forma progresiva.
4. Mezclar bien hasta formar una pasta flexible. Dejar reposar durante media hora.
5. Cortar en 8 trozos.
6. Tomar un trozo, formar una masa redonda y desenrollarlo.
7. Ponerlo en la sartén precalentada.
8. Cocerlo hasta que la pasta esté dorada y empiece a hincharse ligeramente. Darle la vuelta y hacer lo mismo con el otro lado.
9. Servir con una sopa o usarlo para hacer un sándwich.

Inspiración de la receta:
Mi propia experiencia; mi profesor el doctor Kamlesh

¿Cómo preparar pasta casera?

Tiempo de preparación: 10 min
Tiempo de cocción: 5 min
Listo para comer en 15 min

Ingredientes

- *150 g de harina de trigo integral (o equivalente)*
- *1 cucharada de aceite de sésamo*
- *Agua tibia*
- *Una pizca de sal*
- *Agua hirviendo*

Información del plato:

Barato
Sin lactosa
Vegetariano
Conveniente sobre todo para el Vata

Elaboración

1. Poner el agua en una cazuela y llevarla a ebullición.
2. Poner la harina en un bol con sal y ¾ de cucharada de aceite.
3. Mezclarlo todo y añadir el agua hasta formar una pasta compacta.
4. Formar una bola y cubrirla con el resto del aceite.
5. Aplanarla para darle forma redonda de unos milímetros de espesor.
6. Cortarla en láminas finas y ponerlas en el agua hirviendo.
7. Dejar cocer durante unos 5 min.
8. Colar la pasta y echar aceite para evitar que se pegue.
9. Servir caliente con la salsa al gusto.

Inspiración de la receta:
Mi profesor el doctor Kamlesh

¿Cómo preparar las legumbres?

Tiempo de preparación: 24 h. (tiempo de remojo)
Tiempo de cocción: 60 min

Ingredientes

- *Garbanzos o judías rojas*
- *Agua*

Elaboración

1. Lavar las legumbres y dejarlas en remojo durante 24 horas en agua fría.
2. Escurrirlas y lavarlas de nuevo; después ponerlas en una cazuela con agua nueva.
3. Hervir entre 45 y 60 min. Si es necesario, añadir agua hirviendo.
4. Probarlas con un tenedor para ver si están bien cocidas. Si es así, colarlas para que eliminen el exceso de agua. Si no, dejarlas cocer 10 min más.
5. Utilizarlas enseguida para preparar un plato o guardarlas en la nevera cuando se hayan enfriado. Se pueden conservar hasta 3 días.

Inspiración de la receta:
Mi propia experiencia

¿Cómo preparar el mijo?

Tiempo de preparación: 5 min
Tiempo de cocción: 20 min
Listo para comer en 25 min

Ingredientes

- *100 g de mijo*
- *Agua*
- *Sal*

Elaboración

1. Hervir agua.
2. Mientras está hirviendo, lavar bien el mijo con agua corriente.
3. Poner el mijo escurrido en una cazuela con una cantidad de agua que sea 2,5 veces la cantidad de mijo.
4. Llevar a ebullición y enseguida reducir el fuego, tapar y dejar cocer a fuego lento unos 20 min.

Consejo culinario:

- Para que tenga un gusto más sutil, tostar el mijo antes de hervirlo. Para ello, ponerlo en una sartén seca a fuego medio y remover continuamente. Cuando esté dorado añadir el agua hirviendo.

Inspiración de la receta:
Mi propia experiencia

¿Cómo preparar la quinua?

Tiempo de preparación: 5 min
Tiempo de cocción: 15 min
Listo para comer en 20 min

Ingredientes

- *100 g de quinua*
- *Agua (el doble de cantidad que de quinua)*

Elaboración

1. Poner la quinua en un colador fino y lavarla con agua fría.
2. Escurrir durante un minuto o dos.
3. Poner la quinua y el agua en una cazuela.
4. Llevar a ebullición.
5. Tapar y dejar cocer a fuego lento durante 10 min.
6. Los granos estarán cocidos cuando sean transparentes y la parte blanca se separe.

Inspiración de la receta:
Mi propia experiencia

¿Cómo preparar las verduras al vapor?

Tiempo de preparación: 10 min
Tiempo de cocción: 10 min
Listo para comer en 20 min

Ingredientes

- *100 g de verduras biológicas de temporada*
- *Agua*

Elaboración

1. Lavar y/o pelar las verduras (optativo).En la mayoría de los casos, por ejemplo, las zanahorias y los calabacines, se puede dejar la piel.
2. Cortar las verduras a tiras y ponerlas en una cesta para hacer al vapor.
3. Verter un poco de agua en una cacerola (suficiente para cubrir la base de la cesta).
4. Poner la cesta en la cacerola y cubrirla con la tapa.
5. Dejar cocer al vapor durante unos 10 min hasta que las verduras estén cocidas (el tiempo depende de las verduras elegidas).

Inspiración de la receta:
Mi propia experiencia

¿Cómo tostar las especias?

Tiempo de cocción: 10 min
Listo para comer en 10 min

Ingredientes

* Comino en grano o cilantro en grano

Elaboración

1. Poner 2 o 3 cucharadas de granos de comino o cilantro en una sartén.
2. Retirar cuando empiecen a dorarse y desprendan olor a tostado.
3. Dejar enfriar.
4. Machacarlas hasta hacerlas polvo con un mortero o un molinillo de café.
5. Guardarlas en un frasco de cristal hermético.

Inspiración de la receta:
Mi propia experiencia

Recetas saladas

Zanahoria con cilantro y jengibre

Tiempo de preparación: 10 min
Tiempo de cocción: 15 min
Listo para comer en 25 min

Ingredientes

- ½ pimiento
- 2 cucharadas de aceite de sésamo
- 1 cucharada de coco rallado
- 1 cucharada de jengibre fresco (cortado en trocitos pequeños)
- 200 g de zanahoria cortada en trocitos
- ½ cucharadita de mostaza en grano
- ½ cucharadita de comino en grano
- Sal
- Agua
- Cilantro fresco

Información del plato:

Barato
Sin lactosa, sin gluten
Vegetariano
Conveniente sobre todo para Vata y Kapha y, sin pimiento, para Pitta

Elaboración

1. Cortar el pimiento a lo largo, retirar las pepitas y cortarlo en trozos finos.
2. Triturar el pimiento, el jengibre y el coco con un poco de agua.
3. Verter el aceite en un wok.
4. Cuando el aceite esté caliente, añadir el comino y la mostaza.
5. Añadir la mezcla de coco y remover.
6. Añadir la zanahoria y la sal al gusto y mezclar bien.
7. Añadir un poco de agua, tapar el wok y cocinar a fuego lento durante 15 min.
8. Servir espolvoreado con un poco de cilantro fresco.

Inspiración de la receta:

Curso de cocina en un centro de yoga

Curri de judías verdes

Tiempo de preparación: 10 min
Tiempo de cocción: 15 min
Listo para comer en 25 min

Ingredientes

- *2 cucharadas de* ghee *(producto lácteo opcional) o aceite.*
- *¼ de cucharadita de mostaza en grano*
- *½ cucharadita de comino en grano*
- *1 cucharada de jengibre fresco (cortado en trocitos)*
- *¼ de cucharadita de cúrcuma*
- *200 g de judías verdes*
- *Sal*
- *Agua*

Información del plato:

Barato
Sin lactosa, sin gluten
Vegetariano
Recomendable para los Vata, Pitta y Kapha (reducir los granos de mostaza para el Pitta).

Elaboración

1. Calentar el aceite en una cazuela. Cuando esté bien caliente, añadir el comino y la mostaza.
2. Cuando los granos de mostaza empiecen a saltar, añadir el jengibre.
3. Remover y dejar cocer durante 30 s.
4. Añadir la cúrcuma y 10 s después, agregar las judías y sazonarlas con sal.
5. Remover durante un minuto o dos.
6. Añadir un poco de agua, tapar la cazuela y dejar cocer a fuego lento unos 10 min.

Inspiración de la receta:

Una receta del libro *Haven's Banquet*

Curri de garbanzos y verduras

Tiempo de preparación: 10 min
Tiempo de cocción: 15 min
Listo para comer en 25 min

Ingredientes

- *100 g de garbanzos cocidos*
- *200 g de verduras de temporada troceadas*
- *½ cucharadita de comino en grano*
- *½ cucharadita de cilantro en grano*
- *¼ de cucharadita de cúrcuma*
- *1 cucharada de jengibre fresco cortado en trocitos*
- *Sal Rocher o sal de mar*
- *Agua*
- *2 cucharadas de sésamo o de ghee (producto lácteo opcional)*

Información del plato:

Barato
Sin lactosa ni gluten
Vegetariano
Recomendable para el Vata, Pitta y Kapha

Elaboración

1. Preparar previamente los garbanzos según las indicaciones de la p. 42 de cómo preparar las legumbres.
2. Calentar el aceite o el *ghee* en una sartén.
3. Una vez caliente, añadir el comino y el cilantro, y dejarlos hasta que estén dorados.
4. Añadir el jengibre y dejarlo cocer 30 s.
5. Enseguida agregar la cúrcuma y remover.
6. Incorporar las verduras. Mezclar bien y añadir los garbanzos
7. Remover y sazonar al gusto.
8. Verter agua de manera que cubra las verduras y los garbanzos.
9. Cubrir y dejar cocer a fuego lento durante 10 min.

Inspiración de la receta:

Mi propia experiencia

Dosas de harina de trigo

Tiempo de preparación: 10 min
Tiempo de cocción: 10 min
Listo para comer en 20 min

Ingredientes

- *175 g de harina de trigo integral (o equivalente)*
- *1 pimiento fresco cortado en trozos*
- *½ cucharadita de sal*
- *Una taza de agua tibia*
- *Aceite o* ghee *(producto lácteo opcional)*
- *1 cucharada de hierbas aromáticas (perejil, albahaca, cilantro...)*

Información del plato

Barato
Sin lactosa, vegetariano
Recomendable para los Vata, Pitta y, con harina de espelta, para los Kapha

Elaboración

1. Poner todos los ingredientes en un bol.
2. Añadir agua y mezclar con la harina para hacer una pasta.
3. Tapar el bol y dejar reposar la pasta durante 10-30 min.
4. Remover la pasta.
5. Poner un poco de aceite o *ghee* en una sartén a fuego medio.
6. Una vez caliente, echar 4 cucharadas de la pasta y dejar que se extienda en la sartén.
7. Dejarla cocer hasta que esté dorada y darle la vuelta.
8. Continuar haciendo dosas hasta que no quede más pasta.
9. Apilarlas en un plato y mantenerlas calientes en el horno ligeramente caliente.
10. Servir, por ejemplo, con una ensalada verde y la salsa de semillas de girasol.

Inspiración de la receta:

Una receta del libro *Un goût supérieur*

Kitcheree (con una arrocera)

Tiempo de preparación: 10 min
Tiempo de cocción: 20 min
Listo para comer en 30 min
Receta para 4 personas

Ingredientes

- *100 g de arroz basmati*
- *100 g de lentejas rojas*
- *200 g de verduras de temporada*
- *2 cm de jengibre fresco*
- *¼ de cucharadita de cúrcuma*
- *Zumo de ½ limón*
- *1 cucharadita de comino en polvo*
- *⅛ de cucharadita de canela molida (en invierno)*
- *Un puñado de pasas*
- *4 cucharadas de aceite de oliva o ghee (producto lácteo opcional)*
- *Agua (2 ½ la cantidad de arroz y lentejas)*

Información del plato:

Barato
Sin lactosa, sin gluten
Vegetariano (sin *ghee*)
Recomendable para los Vata, Pitta (sin canela en polvo) y para los Kapha

Elaboración

1. Lavar el arroz y las lentejas rojas hasta que el agua salga limpia (por lo menos 4 veces).
2. Cortar las verduras en trozos.
3. Pelar el jengibre fresco y cortarlo en dados pequeños.
4. Poner el arroz, las lentejas, las verduras y el jengibre en la arrocera.
5. Añadir el zumo de limón, el comino en polvo, la sal y la cúrcuma. Remover.

Consejos para los ingredientes:
- Si utilizas arroz redondo integral o arroz *basmati* integral para este plato, remójalo durante 4 horas y utiliza el agua sobrante para la cocción.

6. Añadir un puñado de pasas (opcional), el aceite o el *ghee* y el agua. Mezclar bien.
7. Encender la arrocera y dejar cocer durante 20-30 min.

Inspiración de la receta:

Mi profesor el doctor Kamlesh

Nota: **El arroz redondo integral tiene un efecto neutralizante para el cuerpo, sobre todo para el intestino.**

Verduras al curri

Tiempo de preparación: 5 min
Tiempo de cocción: 15 min
Listo para comer en 20 min
Receta para 4 personas

Ingredientes

- *3 cucharadas de aceite de sésamo*
- *½ cucharadita de comino en grano*
- *½ cucharadita de cilantro en grano*
- *¼ de cucharadita de cúrcuma*
- *1 cucharada de comino en polvo*
- *1 cucharada de cilantro en polvo*
- *1 cucharada de hinojo en polvo*
- *⅛ de cucharadita de pimienta negra molida*
- *⅛ de cucharadita de canela en polvo*
- *½ kg de verduras de temporada, por ejemplo, 3-4 zanahorias, 2 hinojos...*
- *Agua*
- *Sal*

Información del plato:

Barato
Sin lactosa, sin gluten
Vegetariano
Recomendable para los Vata, Pitta (sin canela molida) y para los Kapha

Elaboración

1. Calentar el aceite y añadir el comino y el cilantro.
2. Freír hasta que empiecen a dorarse.
3. Mezclar el comino, el cilantro, el hinojo, la cúrcuma y la canela con un poco de agua para hacer una salsa homogénea.
4. Añadir todo a la cazuela y remover bien.
5. Después de 1 o 2 min el aceite se separará del resto de la salsa.
6. Cuando toda el agua se haya evaporado, la salsa estará lista.
7. Añadir los trozos de verduras a la salsa y mezclar bien.
8. Agregar sal y un poco de agua, remover y tapar.
9. Dejar cocer a fuego medio entre 10 y 15 min (dependiendo de las verduras).

Inspiración de la receta:

Mi propia experiencia; etapa de consejera en nutrición ayurvédica

Verduras salteadas con especias

Tiempo de preparación: 5 min
Tiempo de cocción: 15 min
Listo para comer en 20 min
Receta para 4 personas

Ingredientes

- *2 cucharadas de aceite de sésamo*
- *½ cucharada de comino en grano*
- *½ cucharada de cilantro en grano*
- *2 cucharadas de jengibre fresco rallado*
- *100 g de brotes de soja*
- *100 g de col cortada fina*
- *100 g de zanahoria cortada fina*
- *Sal*

Información del plato:

Barato
Sin lactosa, sin gluten
Vegetariano
Recomendable para los Vata, Pitta y Kapha

Elaboración

1. Poner el aceite en una sartén o en un wok.
2. Cuando esté caliente, añadir el comino y el cilantro.
3. Después de 1 min añadir el jengibre. Remover bien.
4. Enseguida añadir la col y remover durante unos 5 min.
5. Añadir las zanahorias y mezclar durante unos 3 min.
6. Por último, añadir los brotes de soja y remover todo durante 2 min.
7. Sazonar al gusto y servir.

Inspiración de la receta:

Mi propia experiencia

Muffins de sémola de maíz

Tiempo de preparación: 10 min
Tiempo de cocción: 20 min
Listo para servir en 30 min
Receta para 12 _muffins_

Ingredientes

- *125 g de harina (kamut, trigo o espelta)*
- *100 g de sémola integral de maíz*
- *2 cucharadas de levadura en polvo*
- *¼ de cucharadita de sal de mar o sal Rocher*
- *Una pizca de pimienta negra molida*
- *1 cucharada de azúcar no refinada*
- *150 ml de leche vegetal/agua*
- *75 ml de aceite de sésamo/oliva*

Información del plato:

Barato
Sin lactosa
Vegetariano
Recomendable para los Vata, Pitta y sobre todo Kapha

Elaboración

1. Calentar el horno a 180°C (o al 4 para los hornos de gas).
2. Poner los moldes de papel en un molde.
3. Mezclar los ingredientes secos.
4. Mezclar el aceite y la leche o agua y añadir los ingredientes secos. Mezclar bien.
5. Verter la pasta en los moldes.
6. Meter en el horno durante 20 o 25 min. Cuando empiece a desprender olor y si el contenido se separa fácilmente del molde es que ya están hechos.

Inspiración de la receta:

La base de una receta de mi hermana

Mijo pilaf

Tiempo de preparación: 10 min
Tiempo de cocción: 20 min
Listo para servir en 30 min

Ingredientes

- 1 cucharada de aceite o de ghee (producto lácteo opcional)
- ½ cucharadita de cilantro en grano
- ½ cucharadita de comino en grano
- 3-4 vainas de cardamomo
- Un palo pequeño de canela
- 1 cucharada de jengibre cortado en trocitos
- 100 g de mijo
- Un puñado de anacardos (Vata) o semillas de girasol (Kapha)
- Un puñado de pasas
- Sal
- Agua (3 veces la cantidad de mijo)

Información del plato:

Barato
Sin lactosa, sin gluten
Vegetariano (sin *ghee*)
Recomendable para los Vata, Pitta y sobre todo Kapha

Elaboración

1. Poner una cucharada de *ghee* en una cazuela.
2. Añadir las especias y dejar cocer a fuego lento durante unos minutos.
3. Añadir el jengibre.
4. Enseguida añadir el mijo y mezclar bien.
5. Añadir los anacardos y las pasas y mezclar bien.
6. Añadir el agua y la sal, y llevarlo a ebullición.
7. Reducir el fuego, cubrir y dejar cocer durante unos 20 min.
8. Servir con hojas de perejil o de cilantro picadas.

Inspiración de la receta:

Mi propia experiencia

Arroz pilaf

Tiempo de preparación: 10 min
Tiempo de cocción: 15 min
Listo para comer en 25 min
Receta para 4 personas

Ingredientes

- *1 cucharada de aceite o* ghee *(producto lácteo opcional)*
- *100 g de arroz*
- *Agua (el doble que de arroz)*
- *Un puñado de pasas*
- *3-4 anacardos (opcional)*
- *3-4 pistachos (opcional)*
- *3-4 vainas de cardamomo*
- *Un palo de canela*
- *3-4 clavos*
- *2 hojas de laurel*
- *Un puñado de guisantes (opcional)*
- *Sal*

Información del plato:

Barato
Sin lactosa, sin gluten
Vegetariano (sin *ghee*)
Recomendable para los Vata, Pitta y Kapha

Elaboración

1. Lavar el arroz y escurrir.
2. Calentar el aceite o el *ghee* en una cazuela.
3. Añadir las especias y remover hasta que empiecen a desprender olor.
4. Añadir el arroz y mezclar bien con las especias.
5. Añadir el doble de agua, una pizca de sal y los guisantes (opcional).
6. Llevarlo a ebullición, tapar y reducir el fuego.
7. Dejar cocer durante unos 15 min.
8. Apagar el fuego y dejarlo reposar unos minutos.

Inspiración de la receta:

Mi profesor el doctor Kamlesh

Puré de semillas tostadas

Tiempo de preparación: 5 min
Tiempo de cocción: 15 min
Listo para comer en 20 min

Ingredientes

- 125 g de semillas de girasol
- 125 g de semillas de calabaza
- Zumo de 1 limón
- 2 cm de jengibre fresco
- Pimienta negra recién molida
- 4 cucharadas de aceite de oliva
- Sal al gusto

Información del plato:

Barato
Sin lactosa, sin gluten
Vegetariano
Recomendable para los Vata, Pitta y, en pequeñas cantidades, Kapha.

Elaboración

1. Calentar una sartén grande a fuego medio.
2. Después de 2 min añadir las semillas de girasol y tostar durante 5 min removiendo constantemente.
3. Pasar las semillas a un bol y dejar enfriar.
4. Echar las semillas de calabaza en la sartén caliente.
5. Tostar a fuego suave hasta que empiecen a saltar (unos 5 min).
6. Remover 1 min más.
7. Pasar las semillas tostadas, el aceite, la sal, el zumo de limón y el jengibre por una batidora.
8. Mezclar hasta que el puré sea homogéneo. Añadir más aceite si se prefiere menos espeso.
9. Añadir la pimienta negra recién molida.
10. Servir con una ensalada verde, pasta fresca o pan.

Inspiración de la receta:

Mi propia experiencia

Quinua con verduras

Tiempo de preparación: 10 min
Tiempo de cocción: 15 min
Listo para comer en 25 min

Ingredientes

- *2 cucharadas de aceite de sésamo o* ghe *(producto lácteo opcional).*
- *½ cucharadita de comino en grano*
- *½ cucharada de jengibre cortado en trocitos*
- *100 g de quinua*
- *100 g de verduras de temporada cortadas en tiras*
- *Perejil*
- *1 limón*
- *Sal al gusto*

Información del plato:

Barato
Sin lactosa, sin gluten
Vegetariano
Recomendable para los Vata sobre todo, y para los Pitta y Kapha

Elaboración

1. Poner la quinua en un colador y lavarla bien con agua fría.
2. Lavar y cortar las verduras.
3. Calentar el aceite o el *ghee* en una sartén y cuando esté caliente añadir el comino.
4. Después de 1 min aproximadamente añadir el jengibre y remover bien.
5. Añadir las verduras y mezclar. Cubrirlas con el aceite/*ghee*.
6. Poner la quinua en la cazuela y mezclar.
7. Añadir el agua y llevarlo a ebullición removiendo de vez en cuando.
8. Tapar y dejar cocer a fuego lento 15 min.
9. Servir con perejil y unas gotas de zumo de limón.

Inspiración de la receta:

Mi propia experiencia

Arroz y legumbres a la caribeña

Tiempo de preparación: 5 min
Tiempo de cocción: 25 min
Listo para comer en 30 min

Ingredientes

- *1 cucharada de coco rallado.*
- *½ cucharadita de tomillo*
- *100 g de arroz* basmati
- *50 g de alubias rojas*
- *2 cucharadas de aceite de oliva*
- *½ cucharadita de comino en grano*
- *1 cucharada de jengibre fresco cortado en trocitos*
- *Sal*
- *Perejil o cilantro picado*

Información del plato:

Barato
Sin lactosa, sin gluten
Vegetariano
Recomendable para los Vata, Pitta y sobre todo Kapha

Elaboración

1. Preparar con anterioridad las alubias rojas según las indicaciones de la p. 50.
2. Guardar en la nevera.
3. Dejar en remojo el coco y el tomillo en agua caliente durante 10 min.
4. Preparar el arroz *basmati* según las indicaciones de la p. 47.
5. Calentar el aceite de oliva en una sartén.
6. Añadir el comino y saltear hasta que se dore.
7. Añadir el jengibre, remover durante 30 s y retirar del fuego.
8. Añadir el aceite al líquido del coco y mezclar.
9. Verter la mezcla en la sartén con las alubias y cocer a fuego bajo durante unos minutos.
10. Mezclar las alubias y el arroz.
11. Servir con perejil o cilantro y una ensalada verde.

Inspiración de la receta:

Mi madre

Arroz y lentejas

Tiempo de preparación: 5 min
Tiempo de cocción: 15 min
Receta para 4 personas

Ingredientes

- *100 g de arroz* basmati
- *100 g de lentejas rojas*
- *Una pizca de sal*
- *Agua (el doble que de arroz y lentejas)*
- *¼ de cucharadita de cúrcuma*

Información del plato:

Barato
Sin lactosa, sin gluten
Vegetariano
Recomendable para los Vata, Pitta y Kapha

Elaboración

1. Lavar el arroz y las lentejas hasta que el agua salga limpia (por lo menos 4 veces).
2. Poner el arroz, las lentejas, la sal, la cúrcuma y el agua en una cacerola y remover bien.
3. Llevarlo todo a ebullición y dejarlo hervir durante 5 min.
4. Reducir el fuego y dejar cocer a fuego lento durante 10 min.
5. Tapar, apagar el fuego y dejar reposar un momento.

Inspiración de la receta:
Mi profesor el doctor Kamlesh.

Ingredientes opcionales:
- Puedes también hacerlo con arroz redondo integral o arroz *basmati* integral pero tendrás que dejarlo en remojo durante 4 horas e ir añadiendo agua durante la cocción.

Ensalada de trigo sarraceno caliente

Tiempo de preparación: 15 min
Tiempo de cocción: 15 min
Listo para comer en 20 min

Ingredientes

- *100 g de trigo sarraceno*
- *1 cucharada de semillas de calabaza*
- *½ cucharada de cebollino (opcional)*
- *Sal*
- *Pimienta negra recién molida*
- *1 cucharada de zumo de limón*
- *2 cucharadas de aceite de oliva*
- *2 cm de jengibre fresco*
- *Perejil/cilantro*

Información del plato:

Muy barato
Sin lactosa, sin gluten
Vegetariano
Recomendable para el Vata, Pitta y Kapha

Elaboración

1. Poner a cocer el trigo sarraceno (véase p. 46).
2. Al mismo tiempo, poner las semillas de calabaza en una sartén y tostarlas.
3. Cortar el cebollino en trocitos.
4. Cortar el jengibre en trocitos.
5. Mezclar el jengibre, las semillas, el zumo de limón, el aceite de oliva, la sal y la pimienta negra con el trigo cocido y servir con perejil.

Inspiración de la receta:

Mi propia experiencia

Ensalada caliente de mijo y semillas

Tiempo de preparación: 10 min
Tiempo de cocción (mijo): 25 min
Listo para comer en 30 min

Ingredientes

- *150 g de mijo (cocido)*
- *1 cucharada de semillas de girasol*
- *2 cucharadas de semillas de calabaza*
- *3 cucharadas de aceite de oliva*
- *2 cucharadas de zumo de limón*
- *½ cucharadita de comino en polvo*
- *Pimienta negra recién molida*
- *Sal al gusto*

Información del plato:

Barato
Sin lactosa, sin gluten
Vegetariano
Recomendable para los Vata, Pitta y Kapha

Elaboración

1. Preparar el mijo según las instrucciones de la p. 51.
2. Mientras se está cociendo el mijo, calentar una sartén a fuego lento y poner las semillas de girasol.
3. Tostarlas durante unos 5-10 min, hasta que empiecen a desprender olor a tostado.
4. Pasar a un bol y repetir lo mismo para las semillas de calabaza.
5. Preparar una salsa de ensalada simple (p. 73).
6. Una vez esté listo el mijo, mezclarlo con la salsa y las semillas.

Inspiración de la receta:

Mi propia experiencia

Salsa de semillas de girasol

Tiempo de preparación: 15 min
Listo para comer en 15 min

Ingredientes

- *125 g de semillas de girasol*
- *8 cucharadas de aceite de oliva*
- *Zumo de 1 limón*
- *1 cucharada de jengibre fresco*
- *Sal*
- *Pimienta negra recién molida*

Información del plato:

Barato
Sin lactosa, sin gluten
Vegetariano
Recomendable para los Vata, Pitta y, en pequeñas cantidades, Kapha.

Elaboración

1. Dejar las semillas de girasol en remojo la noche antes.
2. Pasar por la batidora el aceite, el zumo de limón, las semillas de girasol, la sal y el jengibre.
3. Mezclarlo todo hasta formar una pasta homogénea.
4. Añadir el aceite para obtener una salsa menos espesa.
5. Añadir pimienta negra recién molida y servir con una ensalada, por ejemplo.

Inspiración de la receta:

Mi propia experiencia

Información de los ingredientes:

- Las semillas de girasol contienen minerales, en especial, hierro, calcio, fósforo, magnesio y potasio. Después de una noche en remojo en agua, empiezan su proceso de germinación y se hacen mucho más fáciles de digerir.

Salsa de garbanzos

Tiempo de preparación: 10 min
Listo para comer en 10 min
Receta para 4 personas

Ingredientes

- *100 g de garbanzos cocidos*
- *Sal al gusto*
- *4 cucharadas de aceite de oliva*
- *½ cucharadita de pimienta negra*
- *1 cucharada de jengibre fresco cortado en trozos*
- *Zumo de 1 limón*

Información del plato:

Barato
Sin lactosa, sin gluten
Vegetariano
Recomendable para los Vata, Pitta y Kapha

Elaboración

1. Preparar con anterioridad los garbanzos siguiendo las instrucciones de la p. 50.
2. Guardarlos en la nevera si es necesario.
3. Pasar todos los ingredientes por la batidora y mezclarlos hasta formar una pasta homogénea.
4. Servirla con crudités.

Inspiración de la receta:

Mi propia experiencia

Salsa de piñones

Tiempo de preparación: 10 min
Listo para comer en 10 min

Ingredientes

- *Un puñado de piñones (tostados sin salar)*
- *Un puñado de hierbas aromáticas, por ejemplo, menta, cebollino, tomillo.*
- *Pimienta negra*
- *Sal Rocher/sal de mar, según el gusto*
- *Aceite de oliva (una cantidad generosa)*
- *Zumo de 2 limones o limas*

Información del plato:

Un poco caro
Sin lactosa, sin gluten
Vegetariano
Recomendable para los Vata sobre todo, Pitta y Kapha

Elaboración

1. Enjuagar las hierbas aromáticas.
2. Pasar todos los ingredientes por la batidora hasta formar una salsa homogénea.
3. Verter sobre la pasta antes de servirla o ponerla en un bol para que cada uno se sirva.

Inspiración de la receta:
Mi propia experiencia

Salsa de ensalada simple

Tiempo de preparación: 5 min
Lista para comer en 5 min

Ingredientes

- *Zumo de 1 limón*
- *6 cucharadas de aceite de oliva*
- *Sal*
- *Pimienta negra*
- *½ cucharadita de comino en polvo*

Elaboración

1. Mezclar todos los ingredientes.
2. Verter sobre la ensalada antes de servirla o ponerla en un bol para que cada uno se sirva.

Inspiración de la receta:
Mi propia experiencia

Consejo culinario:
- Añadir medio tomate y un poco de agua de rosas a esta salsa para convertirla en una salsa para niños de cualquier edad.

Sémola caribeña

Tiempo de preparación: 5 min
Tiempo de cocción: 10 min
Lista para comer en 15 min

Ingredientes

- *½ cucharadita de tomillo seco o fresco*
- *Agua fría*
- *75 g de sémola integral de maíz*
- *1 cucharada de ghee*

Información del plato:

Barato
Sin gluten
Vegetariano (sustituir el *ghee* por aceite de oliva)
Recomendable para los Vata, Pitta y Kapha

Elaboración

1. Mezclar la sémola con 8 cucharadas de agua fría y el tomillo para hacer una pasta líquida. Al mismo tiempo, poner a hervir un vaso de agua.
2. Echar la mezcla de la sémola en el agua hirviendo y remover.
3. Dejar cocer y continuar removiendo hasta que la pasta sea espesa y homogénea.
4. Servir con mantequilla o *ghee*.

Inspiración de la receta:
Mi tía Myrtle

Sopa de maíz y patatas

Tiempo de preparación: 5 min
Tiempo de cocción: 25 min
Lista para comer en 30 min

Ingredientes

- *2 mazorcas de maíz*
- *2 patatas de tamaño mediano*
- *1 hoja de laurel*
- *1 cucharada de aceite de sésamo o* ghee *(producto lácteo opcional)*
- *½ cucharadita de comino en grano*
- *1 cucharada de jengibre cortado en trocitos*
- *Leche vegetal (opcional)*
- *Perejil*

Información del plato

Barato
Sin lactosa, sin gluten, sin *ghee*
Vegetariano
Recomendable para los Vata, Pitta y Kapha

Elaboración

1. Cocer el maíz al vapor durante 10 minutos (véase p. 52).
2. Mientras tanto, lavar y cortar las patatas.
3. Ponerlas en una cazuela con agua y una hoja de laurel y llevar a ebullición.
4. Dejar cocer a fuego lento durante 15 min.
5. Verter el aceite o el *ghee* en una sartén, calentar y añadir el comino y, después de un minuto, el jengibre.
6. Retirar los granos de maíz de la mazorca y añadirlos a la cazuela con las patatas.
7. Dejar cocer a fuego lento durante 5 min. Después añadir la mezcla de comino y jengibre.
8. Triturarlo o pasarlo por la batidora unos segundos.
9. Servir con el perejil y una cucharada de leche vegetal (opcional).

Inspiración de la receta:
Mi propia experiencia

Sopa de calabacín

Tiempo de preparación: 10 min
Tiempo de cocción: 10 min
Listo para comer en 20 min

Ingredientes

- *2 calabacines medianos*
- *2 cucharadas de aceite de oliva o* ghee *(producto lácteo opcional)*
- *½ cucharadita de hinojo en grano*
- *½ cucharadita de comino en grano*
- *¼ de cucharadita de mostaza en grano*
- *½ cucharadita de cúrcuma*
- *Agua*
- *Sal al gusto*
- *½ cucharadita de comino en polvo (opcional)*

Información del plato:

Barato
Sin lactosa, sin gluten
Vegetariano (aceite en lugar de *ghee*)
Recomendable para los Vata sobre todo, pero también para los Pitta y Kapha

Elaboración

1. Lavar los calabacines y cortarlos en rodajas.
2. Calentar el aceite/*ghee* en una cazuela.
3. Añadir los granos de mostaza y calentar hasta que empiecen a saltar.
4. Añadir el comino y el hinojo, y calentar hasta que se doren.
5. Añadir la cúrcuma y mezclar bien.
6. Añadir los calabacines, ½ cucharadita de comino en polvo (opcional) y sazonar al gusto. Remover bien.
7. Añadir suficiente agua para cubrir los calabacines, tapar y dejar cocer a fuego lento durante 10 min.
8. Pasar el contenido de la sartén por la batidora y mezclar durante 10-20 s.
9. Resultado: algunos trozos de calabacín se mantendrán enteros.
10. Servir con perejil.

Inspiración de la receta:

Mi propia experiencia

Sopa de verduras y quinua

Tiempo de preparación: 10 min
Tiempo de cocción: 20 min
Listo para comer en 30 min

Ingredientes

- 40 g de quinua
- 2 cucharadas de aceite de girasol o ghee *(producto lácteo opcional)*
- ½ cucharadita de comino en grano
- ½ cucharadita de cilantro en grano
- 2,5 cm de jengibre fresco cortado en trocitos
- ½ cucharadita de cúrcuma
- 100 g de verduras de temporada
- Hierbas aromáticas frescas

Información del plato

Barato
Sin lactosa
Vegetariano
Recomendable para los Vata, Pitta y Kapha

Elaboración

1. Hervir medio litro de agua.
2. Lavar la quinua y dejarla reposar.
3. Calentar el aceite en una cazuela y añadir el comino y el cilantro, y dejar hasta que se doren.
4. Añadir el jengibre y remover.
5. Añadir la cúrcuma y remover.
6. Añadir las verduras, mezclarlo todo y dejar cocer unos minutos.
7. Añadir la quinua y la sal, y removerlo todo.
8. Añadir el agua caliente, llevar a ebullición y tapar.
9. Dejar cocer a fuego lento hasta que la quinua se abre (unos 20 min).
10. Servir con perejil o cilantro bien picado.

Inspiración de la receta:

Mi propia experiencia

Sopa de lentejas con albóndigas

Tiempo de preparación: 10 min
Tiempo de cocción: 20 min
Listo para servir en 30 min
Receta para 4 personas

Ingredientes

- 150 g de lentejas rojas
- ½ cucharadita de cúrcuma
- 1 cucharada de sémola integral de maíz
- 2 cucharadas de harina (trigo integral, espelta o kamut)
- 1 cucharada de aceite de sésamo
- ½ cucharadita de tomillo
- Sal al gusto
- Verduras de temporada
- 1 cucharada de jengibre fresco cortado en trocitos
- Aceite de oliva

Información del plato

Barato
Sin lactosa
Vegetariano
Recomendable para los Vata sobre todo, pero también para los Pitta y Kapha en cantidades limitadas.

Elaboración

1. Enjuagar las lentejas hasta que salga el agua clara.
2. Ponerlas en una cazuela con agua fría y la cúrcuma.
3. Llevar a ebullición y dejar hervir durante 10-15 min.
4. Mientas se cuecen las lentejas, lavar y cortar las verduras.
5. Poner la harina, la sal, el tomillo, el jengibre y el aceite en un bol.
6. Añadir suficiente agua tibia para formar una pasta compacta.
7. Hacer bolitas con la pasta y ponerlas en la cazuela con las lentejas y las verduras.
8. Añadir sal al gusto y una cantidad generosa de aceite de oliva.
9. Tapar y dejar cocer a fuego lento durante 10 min.
10. Espolvorear con el perejil picado y servir.

Inspiración de la receta:

Mi propia experiencia

Sopa de mung dahl y verduras con albóndigas

Tiempo de preparación: entre 5-10 min
Tiempo de cocción: 20 min
Listo para comer en 30 min

Ingredientes

- *50 g de* mung dahl
- *¼ de cucharadita de cúrcuma*
- *150 g de verduras de temporada*
- *50 g de harina de trigo (o equivalente)*
- *Sal al gusto*
- *3 cucharadas de aceite de sésamo*
- *½ cucharadita de comino en grano*
- *½ cucharadita de cilantro en grano*
- *½ cucharadita de hinojo en grano*
- *Agua tibia*

Información del plato:

Barato
Sin lactosa
Vegetariano
Recomendable para los Vata y Pitta, menos para los Kapha

Elaboración

1. Lavar bien el *mung dahl* con agua fría hasta que el agua salga clara.
2. Ponerlo en una cazuela y cubrirlo con el doble de agua.
3. Añadir la cúrcuma. Llevar a ebullición y dejar hervir durante unos 10 min.
4. Reducir el fuego y añadir las verduras. Dejar cocer a fuego lento entre 15 y 20 min.
5. Para las albóndigas: poner la harina en un bol y añadir el aceite, una pizca de sal y agua tibia.
6. Amasar todo hasta formar una pasta compacta.
7. Cortarla en trozos y hacer las bolitas. Ponerlas en la sopa y dejarlas cocer a fuego lento entre 10 y 15 min.
8. Mientras, calentar el aceite en una sartén y echar las especias.
9. Añadir estas especias y la sal al *dahl* mientras se hace la sopa.
10. ¡Servir y saborear!

Inspiración de la receta:
Mi propia experiencia

Los dulces

Halva con semillas de sésamo

Tiempo de preparación: 10-15 min
Listo para comer en 30 min

Ingredientes

- *250 g de semillas de sésamo*
- *3-4 cucharadas de miel*
- *1-2 cucharadas de ghee*
- *Vainas de cardamomo (para hacer el cardamomo en polvo)*
- *Pimienta negra recién molida*

Información del plato:

Barato
Sin gluten
Recomendable para los Vata, menos para los Kapha

Elaboración

1. Tostar a fuego suave las semillas de sésamo en una sartén seca.
2. Retirarlas del fuego y dejarlas enfriar.
3. Pasarlas por un molinillo para obtener un polvo grueso.
4. Aplastar las vainas de cardamomo (1-2 por persona) para abrirlas.
5. Retirar las semillas y reducirlas a polvo con un mortero.
6. Poner el sésamo molido, la miel, el *ghee* y una pizca de pimienta en un cuenco.
7. Añadir el cardamomo en polvo.
8. Hacer pequeñas bolas como las trufas.
9. Servir al final de una comida o junto con una bebida caliente si se prefiere.

Inspiración de la receta:

Mi propia experiencia

Información de los ingredientes:

- Las semillas de sésamo son un buen alimento para comer en otoño o invierno porque calientan el cuerpo.
- Es un postre rápido y divertido de hacer con los niños.

Pastel de especias

Tiempo de preparación: 10 min
Tiempo de cocción: 20 min
Listo para comer en 40 min

Ingredientes

- *2 puñados de frutos secos, por ejemplo, pasas, albaricoques, dátiles, higos (en remojo desde la noche anterior, si es posible, y cortados en trocitos).*
- *125 ml de aceite de oliva no refinado*
- *125 g de azúcar de caña no refinada*
- *200 ml de té rooibos*
- *300 g de harina de espelta/kamut*
- *¼ de cucharadita de canela en polvo*
- *¼ de cucharadita de cardamomo en polvo*
- *1 cucharadita de bicarbonato de soda*

Información del plato:

Barato
Sin lactosa
Vegetariano
Recomendable para los Vata y Pitta, menos para los Kapha

Elaboración

1. Dejar en remojo los frutos secos en el té rooibos la noche antes.
2. Calentar el horno (a 180-190°C o al 4 para los de gas).
3. Extender papel de horno en un molde para pasteles.
4. Poner todos los ingredientes secos menos el azúcar (harina, canela, cardamomo, bicarbonato de soda) en un bol para mezclar.
5. Poner todos los ingredientes húmedos (frutos secos, aceite y agua) y el azúcar en otro bol y mezclar.
6. Incorporar los ingredientes secos en el bol que contiene los ingredientes húmedos.
7. Mezclar bien. La pasta ha de caer de la cuchara.

Información de los ingredientes:

- El té *rooibos* (o té rojo) original del sur de África es rico en antioxidantes, bajo en taninos y no tiene nada de cafeína. Su sabor a nuez ligeramente azucarada mejora si se deja reposar más tiempo la infusión.

8. Verter la pasta en el molde para pasteles.
9. Ponerlo todo en el horno y dejarlo hornear unos 30 min. El olor del pastel te indicará que ya está listo.

Inspiración de la receta:
Mi propia experiencia; pasteles en el centro de yoga Sivananda

Bolitas con dátiles y nueces/semillas

Tiempo de preparación: 10-15 min
Listo para comer en 15 min

Ingredientes

- ½ taza de dátiles
- ⅓ de taza de nueces o semillas
- Una pizca de sal
- ½ cucharada de cardamomo en polvo
- 2 cucharadas de miel
- 4-5 cucharadas de coco deshidratado

Información del plato:

Un poco caro
Sin lactosa, sin gluten
Vegetariano
Recomendable para los Vata y Pitta, menos para los Kapha

Elaboración

1. Cortar los dátiles en rodajas finas y las nueces o semillas.
2. Colocar en un bol con la sal y el cardamomo en polvo y mezclar bien.
3. Añadir la miel y mezclar.
4. Poner el coco en un plato.
5. Con las manos dar forma a las bolitas con la mezcla y hacerlas rodar sobre el coco.
6. Servir inmediatamente o dejar toda la noche en la nevera.
7. Guardar en un contenedor hermético.

Nota: **Es divertido y fácil hacerlas con los niños.**

Inspiración de la receta:
Una visita a la India

Halva de sémola

Tiempo de preparación: 10 min
Tiempo de cocción: 20 min
Listo para comer en 30 min

Ingredientes

- *200 g de* ghee
- *400 g de sémola de trigo*
- *75 g de anacardos*
- *15 almendras*
- *1 puñado de pasas*
- *2 pellizcos de cardamomo en polvo*
- *300 g de azúcar moreno no refinado*

Información del plato

Barato
Sin lactosa
Recomendable para los Vata y Pitta, menos para los Kapha

Elaboración

1. Dejar en remojo las almendras el mayor tiempo posible y pelarlas.
2. Triturar los anacardos.
3. Fundir el *ghee* en una cacerola y añadir la sémola de trigo.
4. Cocer hasta que empiece oler a tostado.
5. Añadir los anacardos, un puñado de pasas y las almendras peladas.
6. Añadir agua caliente mezclada con el azúcar de forma que cubra la mezcla.
7. Añadir el cardamomo.
8. Mezclarlo todo bien y servir.

Inspiración de la receta:

Libros de cocina, mi profesor el doctor Kamlesh

Información de los ingredientes:

- El *ghee* es una grasa excelente para cocinar porque no se quema. En la nutrición ayurvédica se considera que el *ghee* mejora el nivel de inteligencia y la vida, y que refuerza el hígado, los riñones y el cerebro.

Aperitivo energético

Tiempo de preparación: 5 min (el día anterior), 5 min
Listo para comer en 10 min

Ingredientes

- *2 higos*
- *4 dátiles (sin hueso) o albaricoques secos*
- *10 almendras mojadas y peladas*
- *4 anacardos (para la gente Vata)*
- *2 cucharadas de semillas de girasol (para la gente Kapha)*
- *Un puñado de pasas*
- *Una pizca de cardamomo en polvo*

Información del plato:

Barato
Sin lactosa
Vegetariano
Recomendable para la gente Vata y Pitta, menos para la Kapha

Elaboración

1. Dejar en remojo la noche antes los frutos secos y las nueces/semillas por separado.
2. Por la mañana, pelar las almendras.
3. Pasarlas por la batidora con los otros ingredientes (también el agua del remojo).
4. Mezclar unos 30 segundos.
5. Añadir el cardamomo en polvo.
6. ¡Verter en los vasos y degustar!

Nota: **He aquí un plato para desayunar que resiste hasta el mediodía.**

Inspiración de la receta:

Mi propia experiencia; mi profesor el doctor Kamlesh

Otros trucos para satisfacer las ganas de comer algo dulce:

- Ten frutas de temporada en casa para picar entre horas si tienes hambre.
- Hazte con aperitivos (compra alimentos sanos como nueces y semillas sin salar ni tostar, frutos secos, frutas y verduras del tiempo). Sé creativo y haz tus propios aperitivos.
- Utiliza especias dulces, sobre todo si te gusta mucho el dulce. La canela y el cardamomo se pueden añadir a los alimentos y las bebidas y dan calor. En cambio, el regaliz también es una buena opción pero es refrescante.
- Lleva un palo de regaliz o de canela en el bolsillo para masticar y añadir dulzor a tu vida.

Las bebidas

Bebida caliente con jengibre y canela

Tiempo de preparación: 15-20 min
Lista para beber en 25 min

Nota: **He aquí una bebida ligeramente azucarada que calienta el cuerpo y tiene un efecto equilibrante.**

Ingredientes

- *2 palos de canela*
- *3-4 cm de jengibre fresco*

Elaboración

1. Poner los ingredientes en 2 litros de agua y hervir durante 15-20 min. Servir.

Inspiración de la receta:
Mi propia experiencia

Consejo culinario:
- Otra posibilidad: poner los ingredientes en un frasco, verter agua hirviendo y dejar en infusión durante unas horas.

Bebida caliente con limón y jengibre

Tiempo de preparación: 15-20 min
Lista para beber en 25 min

Ingredientes

- *Zumo de 1 limón*
- *3-4 cm de jengibre fresco*

Nota: **Esta es una bebida purificante y refrescante que se puede beber caliente o a temperatura ambiente.**

Consejo culinario:
- Otra posibilidad: dejar los ingredientes en infusión con agua caliente durante unas horas.

Elaboración

1. Pelar el jengibre rascando la superficie con una cucharilla. Poner los ingredientes en 2 litros de agua.
2. Llevar a ebullición y dejar hervir durante 15-20 min.
3. Añadir el zumo de limón y servir.

Inspiración de la receta:

Mi propia experiencia

Información de los ingredientes:

- El jengibre estimula el apetito y puede aliviar los resfriados, las alergias y otras enfermedades respiratorias. Utiliza la raíz del jengibre fresco y no el polvo, que tiene un efecto de calor mucho más fuerte en el cuerpo.
- El limón estimula y purifica el hígado.

Bebida con especias

Tiempo de preparación: 15-20 min
Lista para beber en 20 min

Ingredientes

- 2 palos de canela
- 10 clavos
- 1 cucharada de semillas de hinojo

Nota: **Esta es una bebida ligeramente azucarada que calienta el cuerpo. Se ha de beber media hora antes o una hora después de la comida.**

Elaboración

1. Poner los ingredientes en 2 litros de agua.
2. Llevar a ebullición y dejar hervir durante 15 min. Servir.

Inspiración de la receta:

Mi propia experiencia

Información de los ingredientes:

- La canela es eficaz sobre todo en caso de problemas digestivos, por ejemplo, hinchazón, digestión lenta y flatulencia. Su aceite esencial tiene una acción antibacteriana y antifúngica.

Leche de almendras

**Tiempo de preparación: 5 min (la víspera), 5 min
Lista para beber en 10 min**

Ingredientes

- *4 dátiles (sin hueso)*
- *20 almendras*
- *Una pizca de cardamomo en polvo*
- *Una taza de agua*

Nota: **Se trata de una bebida muy nutritiva para el desayuno.**

Elaboración

1. Dejar en remojo con agua los frutos secos por separado toda la noche.
2. Por la mañana pelar las almendras.
3. Pasarlas por la batidora con los dátiles (y el agua del remojo).
4. Mezclar unos 30 segundos.
5. Añadir el cardamomo en polvo.
6. Verter en vasos y beber.

Consejo culinario:

- Para pelar más fácilmente las almendras, basta ponerlas unas horas en agua tibia.

Inspiración de la receta:

Libros de cocina, mi propia experiencia

Información de los ingredientes:

- Las almendras son nutritivas y una buena fuente de magnesio y potasio. En leche, la almendra alivia las inflamaciones del intestino y estómago.

Infusión de menta
y agua de rosas

Tiempo de preparación: 15-20 min
Lista para beber en 25 min

Ingredientes

- Hojas de menta
- Unas gotas de agua de rosas
- Miel/sirope de arce al gusto

Nota: **Se trata de una bebida refrescante que se ha de beber caliente o a temperatura ambiente media hora antes o una hora después de la comida.**

Elaboración

1. Lavar las hojas de menta y ponerlas en un litro de agua caliente.
2. Dejarlas en infusión entre 10 y 15 min.
3. Añadir las gotas de agua de rosas.
4. Servir caliente con el sirope de arce o a temperatura ambiente con miel si se desea.

Inspiración de la receta:

Mi propia experiencia

Información de los ingredientes:

- La menta tiene propiedades medicinales: es carminativa, expectorante, antiséptica, tónica y digestiva, gracias a la presencia del mentol.
- El agua de rosas tiene un efecto calmante y refrescante en el cuerpo.

CONSEJOS NUTRICIONALES

Consejos generales nutricionales

Estos son los principios nutricionales básicos que has de seguir al preparar la comida y comerla. Se aplican a cada método holístico de nutrición, por ejemplo, al de la nutrición ayurvédica y al de la medicina china tradicional, dos sistemas que consideran cada individuo como un ser único.

1. Come lo suficiente pero no te sacies: lo ideal es comer lo suficiente para dejar vacío el 25% del estómago, así los alimentos tendrán espacio para desplazarse y digerirse.

2. Come cuando tengas hambre porque tendrás más jugos gástricos para digerir la comida. El mejor momento para la comida principal es entre las 12.00 y las 14.00 horas.

3. Come productos frescos, biológicos y de cultivo local para tener un buen nivel de energía en tu alimentación.

4. Lávate las manos antes de preparar la comida y antes de comer. La limpieza es muy importante.

5. Sigue una alimentación fresca para tener más energía y sentirte ligero, equilibrado y tranquilo.

6. Al preparar la comida y al comer, tu intención es tan importante como lo que comes. **Concéntrate mientras preparas la comida y antes de comer** y reconoce toda la energía que tu

cuerpo va a recibir de los alimentos. Y no olvides un ingrediente esencial: ¡el amor!

7. Recuerda que todo te alimenta a todos los niveles: tu alimentación, el aire que respiras, el agua que bebes, tu entorno, el sol...

Consejos sobre los tres tipos/naturalezas

Vata (aire y éter)

Recomendable: alimentos calientes y nutritivos como son los aceites y, sobre todo, el aceite de sésamo, trigo o *kamut*, arroz y quinua, productos lácteos (si no eres intolerante), nueces y semillas, el jengibre y el cardamomo, bebidas calientes (en caso de manos frías, piel seca, miedos). Si eres Vata, te recomiendo que disminuyas los alimentos de sabor amargo porque enfrían.

Los sabores que más te convienen son el dulce, el salado y el ácido.

Pitta (fuego y agua)

Recomendable: una alimentación a temperatura ambiente poco especiada, aceite de oliva, frutas azucaradas, verduras con hojas, la mayoría de las legumbres, productos lácteos no fermentados, aceite de oliva.

Los sabores que más te convienen son el dulce, el amargo y el astringente.

Kapha (tierra y agua)

Recomendable: alimentos al vapor, ligeros, calientes y secos, cereales (excepto el trigo), miel, aceite de girasol (en cantidades moderadas), semillas de girasol, legumbres y especias.

Los sabores que más te convienen son el picante, el amargo y el astringente.

Consejos de temporada

En verano

Es la estación de los Pitta. Hace mucho calor y hay mucha luz. El calor del verano provoca más movimientos y energía, lo cual puede estimularnos de forma positiva o negativa.

Come:

- especias que refresquen, por ejemplo, semillas de hinojo y de cilantro o de azafrán;

- muchas hierbas aromáticas frescas, por ejemplo, el perejil, la menta y la albahaca;

- más frutas, verduras y ensaladas;

- productos biológicos de temporada y de proximidad si es posible;

- cereales, por ejemplo, arroz, cebada o mijo.

Para refrescarte:

- bebe mucha agua (añádele unas gotas de zumo de limón).

Evita:

- alimentos que calienten, por ejemplo, los pimientos, la canela en polvo y los platos con muchas especias;

- el café, el alcohol y el vinagre;

- los platos pesados y oleosos;

- alimentos y bebidas demasiado fríos y helados.

En otoño

Esta es la estación de los Vata. El tiempo es frío y seco.

Come:

- especias que tengan un efecto cálido, por ejemplo, cardamomo, canela, clavo y jengibre fresco;

- alimentos que calienten, en forma de sopa, más oleosos, más pesados, dulces, ácidos y salados;

- verduras de temporada, por ejemplo, zanahorias y calabaza;

- menos alimentos crudos.

Evita:

- comer alimentos y bebidas demasiado fríos o helados y productos lácteos fríos.

En invierno

Esta es la estación de los Vata y Kapha. El tiempo es más frío y más húmedo. Todo se ralentiza.

Come:

- sobre todo las siguientes especias: comino, pimienta negra, cúrcuma y jengibre fresco;

- alimentos que calientan, en forma de sopa, ligeros, amargos y astringentes;

- muchas sopas y menos ensaladas.

Evita:

- alimentos y bebidas muy fríos y productos lácteos.

En primavera

Es la estación de los Kapha. Hace frío y hay humedad pero también hay una energía que te recorre el cuerpo. Esta energía de primavera se puede utilizar para hacer una purificación física y emocional.

Come:

- especias de efecto refrescante, por ejemplo, clavo, cúrcuma, jengibre fresco y chiles (en pequeñas cantidades) para mejorar la circulación;

- comidas siguiendo unos horarios regulares y alimentos fáciles de digerir, sobre todo por la mañana y la noche;

- productos frescos, biológicos y de proximidad en la medida de lo posible;

- alimentos cocidos tibios o a temperatura ambiente;

- come ligero. Bebe mucha agua tibia durante el día.

Evita:

- platos preparados;

- alimentos pesados, por ejemplo, la carne, el queso y los fritos;

- alimentos y bebidas demasiado fríos y los productos lácteos.

LAS ESPECIAS

Canela

Cinnamon
Zimtbaum
Cinnamomum zeylanicum

La canela verdadera proviene del canelero, un árbol pequeño que se cultiva principalmente en Sri Lanka. Es una de las especias conocidas más antiguas; los papiros egipcios, los textos sánscritos y la Biblia ya hablan de su existencia.

Se considera que la canela es antiséptica, estimulante y antiespasmódica. Es también eficaz en el caso de problemas digestivos como la hinchazón y las digestiones lentas. Puede refrescar el aliento y reforzar las encías. Proporciona calor, es picante, dulce y astringente.

Si se compra en rama, se aconseja guardarla en un recipiente hermético alejado de la luz y de la humedad. La canela molida, tiene un sabor más intenso pero también se altera más rápidamente que en rama.

Cardamomo

Cardamom
Kardomone
Elettaria cardamomum

Original de la India, el cardamomo forma parte de la misma familia que el jengibre. Esta semilla perfumada es mucho más común en Oriente y en los países árabes que en Occidente, donde se utiliza sobre todo para platos dulces.

Se dice que tiene muchas propiedades medicinales: es digestivo, carminativo y estimulante. Puede aliviar la acidez de estómago, refrescar el aliento, neutralizar los efectos de la formación de mucosidad de los productos lácteos y eliminar el efecto de la cafeína del café. Calienta el cuerpo y tiene un sabor picante y dulce.

Se aconseja comprarlo verde (secado al sol) más que marrón (secado al horno) o blanco (blanqueado), y siempre con la vaina para que dure más.

Cilantro

Coriander
Koriander
Coriandrum sativum

Originario de la región mediterránea, las hojas de esta planta desprenden un olor muy fuerte. Sus semillas forman parte de las especias conocidas más antiguas. En Egipto, el cilantro tiene más de 3.500 años.

Es conocido por sus propiedades medicinales, en especial es carminativo y estomacal, sobre todo para los niños (media cucharadita de semillas por una taza de agua caliente). Favorece la asimilación de los alimentos harinosos y de las verduras de raíz, alivia y estimula la digestión y combate la hinchazón. Es refrescante, picante y amargo.

El cilantro fresco no se conserva demasiado tiempo. Es, por lo tanto, aconsejable comprarlo con la raíz (o cultivarlo uno mismo). Si se compra sin raíz, para que dure varios días hay que taparlo con un paño húmedo, ponerlo en una bolsa de plástico y guardarlo en la nevera.

Clavo

Glove
Gewürznelke
Syzygium aromaticum L.

El clavo, originario de las islas Molucas, se cultiva tradicionalmente en Tanzania y Madagascar.

El clavo facilita la digestión y la absorción, y tiene muchas propiedades medicinales: es estimulante, carminativo, expectorante, antiséptico, analgésico local (sobre todo contra el dolor de muelas). Calienta mucho y se utiliza en cocina por su sabor picante, entre otros.

Se aconseja comprarlo entero porque los clavos molidos no conservan demasiado tiempo su sabor. Para probar la calidad de un clavo, basta con ponerlo en agua. Si flota vertical es que es bueno.

Comino

Cumin
Kreuzkümmel
Cuminum cyminum

El comino es una planta aromática original de la región mediterránea. Sus semillas se suelen confundir con las de la alcaravea, que proviene de la misma familia. El comino negro se utiliza en la cocina india y es más pequeño y aromático que los otros.

Ayuda a combatir las flatulencias, tonifica el sistema digestivo y tiene propiedades estimulantes. Calienta el cuerpo y es picante y amargo.

Es aconsejable comprarlo en semillas en vez de molido porque tienen más sabor y se conservan más tiempo. Para realzar su sabor se pueden tostar antes de molerlas.

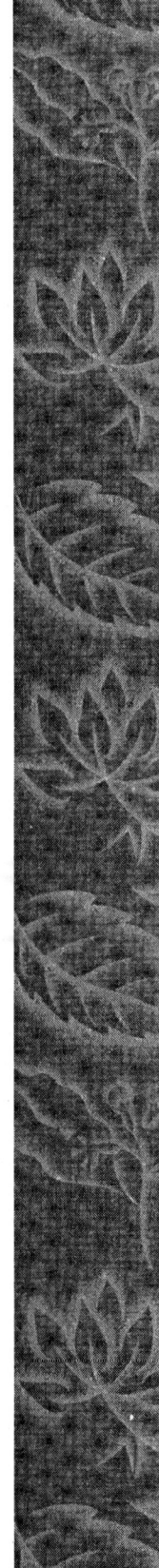

Cúrcuma

Turmeric
Gelbwurz
Curcuma domestica/longa

Esta raíz es probablemente original de Indonesia y Malasia, donde se consume desde hace miles de años. Fue introducida en Europa por los mercaderes árabes.

La cúrcuma se comercializa en polvo después de haber sido cocida y deshidratada. Es equilibrante, refuerza la digestión sobre todo de las proteínas y mejora el metabolismo. Calienta el cuerpo, es picante y amarga, y tiene las siguientes propiedades medicinales: estimulante, antibacteriana, beneficiosa para el hígado y contra el cáncer.

Según el médico David Servan-Schreiber «es una especia con propiedades sorprendentes [...] uno de los ingredientes que más se utiliza en la medicina ayurvédica por sus propiedades antiinflamatorias».

La pimienta negra optimiza los efectos de la cúrcuma permitiéndole traspasar la barrera intestinal y haciéndola más asimilable y activa.

Se aconseja conservarla lejos de la luz.

Hinojo

Fennel
Fenchel
Foeniculum vulgare

Originario de la región mediterránea, el hinojo se conoce en forma de verdura y de semillas.

El hinojo tiene varias propiedades medicinales: favorece la digestión, es carminativo, diurético, antiespasmódico y calmante. Es excelente para aliviar los dolores gástricos y asimilar los alimentos grasos. Es refrescante, dulce y ligeramente picante.

Para una buena digestión se aconseja comer una cucharadita de semillas de hinojo tostadas después de la comida, solas o con un poco de sal Rocher.

Hojas de laurel

Bay leaves
Lorbeerblatt
Laurus nobilis

El laurel es originario de la vertiente mediterránea y era muy conocido en la antigua Grecia.

Las hojas de este árbol, utilizadas por su aroma, son valoradas por sus propiedades medicinales: antisépticas, antifúngicas, digestivas, expectorantes y antirreumáticas. En cuanto a la digestión, estimulan los jugos gástricos y ayudan a la absorción de los nutrientes. Calientan y son picantes.

Se aconseja comprar las hojas bien coloreadas, de color verde claro, y guardarlas secas lejos de la luz y del aire para conservar su sabor.

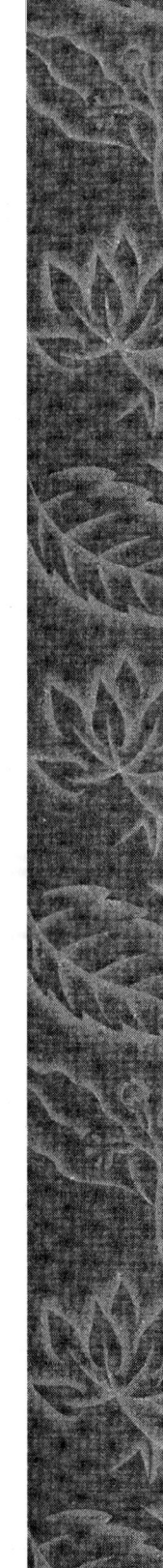

Jengibre

Ginger
Ingwer
Zingiber officinale

Originario del sudeste asiático, el jengibre se cultiva en la mayoría de los países tropicales. Esta raíz se conoce desde milenios por sus propiedades aromáticas y medicinales, entre otras estimulantes, estomacales y afrodisíacas.

El jengibre combate la flatulencia y es eficaz contra el reuma y la tos (en especial en infusión). Trabaja sobre todos los tejidos, estimula la digestión de las proteínas y disminuye el efecto del ácido úrico después de haber comido estos alimentos.

La raíz fresca es mejor para los Vata y la seca para los Kapha, porque calienta más. El jengibre calienta, es picante y astringente.

Es mejor comprar una raíz firme y conservarla en la nevera.

Mostaza

Mustard
Senf
Brassica juncea

Original de la zona mediterránea, la mostaza es apreciada desde hace muchos años como condimento. Existen cuarenta especias de mostazas, siendo las más conocidas la negra, la blanca y la marrón.

La mostaza tiene muchas propiedades medicinales: es estimulante, expectorante, carminativa, desinfectante y antiséptica. Favorece la secreción de jugos gástricos, estimula el apetito y facilita la digestión. Calienta y es picante.

En la India ponen las semillas en aceite muy caliente para que se abran.

Es aconsejable guardar las semillas y el polvo de mostaza en lugar seco y lejos del calor.

Pimienta

Pepper
Pfeffer
Piper nigrum

La pimienta es original de la India y es una de las especias más utilizadas en el mundo. El pimentero crece solamente en climas tropicales muy cálidos y húmedos. Los granos de pimienta verdes, negros y blancos proceden de la misma planta pero corresponden a diferentes etapas de maduración.

Esta especia tiene numerosas propiedades medicinales: es estimulante, expectorante, carminativa y antibacteriana. Contiene piperina, que favorece la salivación y la producción de secreciones gástricas.

Calienta y es picante, aumenta el apetito, ayuda a aliviar la hinchazón y facilita, sobre todo, la digestión de los productos lácteos.

Es preferible comprarla en grano (granos pesados y de una coloración uniforme) y molerla en el momento de añadirla a los platos.

Tomillo

Thyme
Thymian
Thymus spp. vulgaris

Originaria de la región mediterránea, esta hierba aromática se consume por sus propiedades medicinales desde hace milenios. Existen alrededor de sesenta especies.

El tomillo tiene propiedades antiespasmódicas, carminativas, estimulantes, afrodisíacas, expectorantes y antisépticas. Calienta y es picante.

Se aconseja elegir hojas enteras porque tienen más sabor. En el Caribe el tomillo es muy apreciado en las sopas y en los platos con salsa.

ALIMENTACIÓN AYURVÉDICA

Una alimentación ayurvédica, ¿el camino hacia el bienestar?

Ayurveda (*ayur*, **vida,** y *veda*, **sabiduría**) es el sistema médico más antiguo del mundo. En el origen encontramos escrituras védicas de la India de hace más de cinco mil años.

Esta «ciencia de la vida» propone un sistema único basado en un estudio en profundidad del cuerpo –la teoría tridósica– y de sus particularidades para mejorar la salud a través de la alimentación.

Las prácticas ayurvédicas nos ayudan a curarnos y aportan fuerza al cuerpo y al espíritu haciendo hincapié en la naturaleza, la energía y el equilibro, y proponen prever más que curar. Aportan pues una vida harmoniosa y dinámica ofreciéndonos información para la salud física y mental.

Según Ayurveda, la alimentación es la parte más importante para prevenir enfermedades y aumentar nuestra energía y nuestro bienestar. Una persona se alimenta para obtener un mejor equilibrio, sobre todo a través de una digestión óptima, comiendo los alimentos que corresponden a su constitución. Resultado: un espíritu claro y puro, y más energía para saborear una vida saludable.

¿Y la alimentación ayurvédica? ¿Es la cocina india? ¿Es una cocina vegetariana? ¿Es una forma de cocinar particular de una parte del mundo como la India? He aquí algunas de las preguntas más frecuentes.

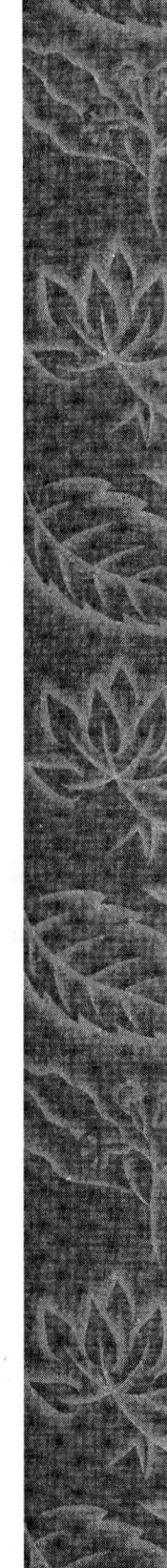

La alimentación ayurvédica, ¿es la cocina india?

Una alimentación ayurvédica no es necesariamente la cocina india. Es cierto que en la India, donde el sistema ayurvédico está muy establecido y donde hay muchos vegetarianos, este sistema forma parte de su vida cotidiana. Y cuando uno cocina para alimentarse de esta forma, utiliza muchas especias y hierbas aromáticas. También en las cocinas tradicionales de hoy en día vemos algunos principios «ayurvédicos». En Alemania, por ejemplo, preparan la col con comino para favorecer la digestión y evitar la hinchazón de estómago, y no solo para realzar su sabor. En el Caribe saben que el tomillo va muy bien con las judías secas por sus propiedades medicinales y su sabor. Las cocinas tradicionales asumen tácitamente que la digestión también es muy importante para la salud y el bienestar.

La alimentación ayurvédica, ¿es la cocina vegetariana?

La alimentación ayurvédica no es necesariamente vegetariana. Según el sistema ayurvédico, nadie te obliga a ser vegetariano. Se trata sobre todo de ser consciente de lo que comes en función de tu actividad, en especial en la vida cotidiana moderna. Por ejemplo, un soldado necesitará una alimentación más densa en energía que alguien que trabaje todo el día delante de un ordenador.

La carne es un alimento pesado, necesita mucha energía para digerirse. Los sistemas tradicionales de nutrición, como la medicina china y el Ayurveda, siempre han utilizado la carne como un medio rápido para aportar a los tejidos la fuerza que necesitan, no como la parte principal de un plato.

Todos los platos que he presentado son vegetarianos porque quería demostrarte que una alimentación vegetariana puede ser una alternativa equilibrada y sana al consumo de carne. Por su ligereza y facilidad de digestión, puede ser de gran ayuda para las personas convalecientes en el sentido de que mejora su capacidad de digerir y, en consecuencia, mejora su bienestar.

Con la alimentación ayurvédica aprendemos a utilizar la alimentación para establecer el equilibrio y la salud en el cuerpo y la mente. Por norma general, cada uno de nosotros somos una mezcla de tres naturalezas o tipos de constitución: Vata, Pitta y Kapha.

Hablemos de las tres naturalezas:

Vata

Vata se asocia a los elementos **éter/espacio y aire** y a todas las cualidades de cada uno de ellos.

Vivimos en el espacio que nos envuelve y que se encuentra en las cavidades del cuerpo. Vivimos también por el aire que hay en nosotros a través de la respiración. El asiento del Vata en el cuerpo es el intestino grueso y las estaciones del año son el otoño y el principio de invierno.

Las cualidades del Vata predominan entre las 02.00 y las 6.00, y las 18.00 y las 22.00, y durante la vejez.

Pitta

El Pitta se asocia a los elementos **fuego y agua**, y a todas sus cualidades.

En nuestro exterior se encuentra en todo aquello que es líquido y calienta. En nosotros lo vemos sobre todo en funciones como el metabolismo en el que tenemos que quemar los alimentos para asimilar los nutrientes. El asiento del Pitta en el cuerpo es el estómago, y las estaciones del año son la segunda parte de la primavera y el verano.

El periodo del día durante el cual la naturaleza Pitta es predominante es desde las 10.00 hasta las 14.00 horas y desde las 22.00 hasta las 02.00 de la madrugada. En la vida predomina en la etapa adulta.

Kapha

La naturaleza Kapha se asocia a los elementos **agua y tierra**, y muestra todas sus cualidades.

Alrededor de nosotros lo vemos en todo aquello que es físico y líquido. En nuestro interior se refleja en todo aquello que tiene una estructura: los huesos, la piel, etc. El asiento de Kapha en el cuerpo son los pulmones, y las estaciones del año son el final del invierno y la primavera.

Las cualidades de Kapha se manifiestan sobre todo desde las 6.00 hasta las 10.00 y desde las 18.00 hasta las 22.00, y en la vida predomina en la etapa de la infancia.

Los cinco elementos asociados a las tres naturalezas (doshas), forman también parte de otro principio importante para entender la alimentación ayurvédica: el de los seis sabores (dulce, salado, agrio/ácido, picante, amargo y astringente). Cada uno de estos seis sabores está relacionado con dos de los cinco elementos (éter/espacio, aire, agua, fuego y tierra) que se encuentran en nosotros y a nuestro alrededor.

Para satisfacer nuestras papilas gustativas y también para que nuestra mente tenga un buen equilibrio, es importante tener los seis sabores como mínimo en una comida al día.

Hablemos de los seis sabores:

Azucarado/dulce

Asociado a los elementos **agua y tierra**, este sabor es el menos refrescante. En cambio, es el más húmedo y es necesario para el crecimiento de los tejidos corporales.

Una forma pura de sabor dulce se encuentra en el azúcar blanco, y una forma más compleja, en los hidratos de carbono, por ejemplo, el arroz redondo integral (excelente para neutralizar la acidez en el cuerpo si se tiene una buena digestión), los cereales y las materias grasas como los productos lácteos y los aminoácidos. Necesitamos este sabor en grandes cantidades (un 50% aproximadamente en cada comida), por ejemplo, con el pan, el arroz, las patatas, los frutos secos, las frutas y las verduras. En cambio, este sabor puede disminuir los aspectos de Vata y Pitta y reforzar los de Kapha.

Salado

Asociado a los elementos **agua y fuego**, este sabor es el que menos calienta, pero tiene cualidades de pesadez y humedad. Su función es la de mantener el equilibrio mineral en los tejidos y retener el agua en el cuerpo.

Las fuentes naturales de este sabor son las verduras, las hierbas aromáticas, las especias y las frutas. No hace falta poner sal a los platos para salarlos. Basta con poner una cantidad que realce el gusto de la comida para que sea equilibrada. El sabor salado, consumido en cantidades moderadas, es más importante para mantener las cualidades de Vata que de Kapha. En cambio, puede disminuir los aspectos de Vata y reforzar los de Pitta y Kapha.

Ácido

Asociado a los elementos **tierra y fuego**, este sabor calienta el cuerpo y es el menos ligero y húmedo. Ayuda a estimular el apetito.

En su forma pura, el sabor ácido está presente en el alcohol, y en su forma compleja en el vinagre, en los alimentos ácidos y fermentados como el yogur, el queso y las frutas ácidas. El limón y la lima son frutas ácidas buenas para las tres naturalezas: Vata, Pitta y Kapha. Limpian el cuerpo y ayudan a eliminar cualquier alimento que no sea bien digerido por el organismo. La naturaleza Kapha es la que menos necesita este sabor, seguida de la Pitta y, por último, la Vata, que se beneficia más de él. El sabor ácido refuerza los aspectos de Pitta y Kapha, pero disminuye los de Vata.

Picante

Asociado a los elementos **fuego y aire**, el sabor picante es el que más calienta. Es también ligero y seco. Este sabor es esencial para un buen metabolismo y para estimular la digestión.

Las formas puras del sabor picante se manifiestan en alimentos como los chiles, el chile en polvo, la pimienta negra y el jengibre. Las formas complejas y las más dulces se saborean en el hinojo, el cardamomo, la canela, el rábano, el ajo y la cebolla.

La función principal de este sabor es quemar el exceso de calorías y hacer que los alimentos sean más fáciles de digerir. Tenemos necesidad, sin embargo, de una cantidad limitada de sabor picante que ayuda al Vata (que tiene tendencia a las digestiones débiles) y al Kapha en general. Disminuye las propiedades de Kapha y refuerza las de Vata y Pitta.

Amargo

Asociado a los elementos **aire y éter**, este sabor es el más refrescante y ligero de todos. También es seco. Su función principal es desintoxicar. Es importante para el equilibrio en nuestra alimentación, donde el sabor dulce predomina. En su forma pura, encontramos este sabor en productos como el aloe vera. En su forma más compleja, se encuentra en la cúrcuma, las semillas de hinojo, las verduras como el melón amargo, las endivias, la achicoria, las espinacas y otras verduras de hojas verdes.

Se dice que tomando la cantidad adecuada de este sabor cada día se pueden evitar la diabetes y los problemas del hígado, entre otros. Pero cuidado porque su exceso desvitaliza y deshidrata el cuerpo. En caso de desequilibrio, el sabor amargo disminuirá el Pitta y el Kapha y reforzará el Vata.

Astringente

Asociado a los elementos **tierra y aire**, este sabor refresca, es pesado y seco. Mantiene la firmeza de los tejidos.

La forma pura de este sabor se ha de tomar en cantidades muy pequeñas porque contiene taninos fuertes (té o vino). Algunas hierbas aromáticas, las legumbres, las moras, las frutas como las manzanas y las peras, y verduras como el brócoli, la coliflor o la col blanca, contienen sabor astringente en pequeñas cantidades. Un alimento astringente excelente es el jengibre, que ayuda a la digestión y previene la hinchazón.

En caso de desequilibrio, el sabor astringente disminuye el Pitta y el Kapha, y refuerza el Vata.

¿Cómo cocinar según el sistema Ayurveda?

El Ayurveda recomienda la cocción con fuego de madera. Puesto que esta no es una opción demasiado viable, una cocina de gas también puede ser la alternativa, puesto que se aproxima a la cocina con fuego natural. La cocina eléctrica también es una posibilidad aceptable. Nosotros buscamos, idealmente, una cocción a fuego lento durante un periodo de tiempo más largo, sobre todo si tenemos problemas digestivos. La comida se cocinará así de una forma que nos permitirá asimilar su fuerza de vida o *prana*.

¿Por qué evitar utilizar el microondas?

El microondas forma parte de la cocina moderna porque es más cómodo y rápido. Pero en un microondas las ondas calientan el agua contenido en los alimentos y el recipiente por la vibración de unas moléculas contra otras.

La mayoría de los expertos en salud natural desaconsejan la utilización del microondas porque la energía de vida de la comida se reduce o se destruye totalmente. Hay estudios científicos que así lo confirman, por ejemplo, el del doctor Hans Hertel, investigador suizo que ha constatado que la cocción en el microondas modifica los elementos nutritivos de los alimentos y reduce, de manera significativa, los niveles de hemoglobina en las personas que comen alimentos cocinados así.

Este electrodoméstico que utilizamos para ganar tiempo reduce la energía sutil, el *prana*, en los alimentos, y por lo tanto la cantidad de nutrientes que podemos asimilar, con lo que se producirá también una reducción intrínseca de nuestro *prana* que, a largo plazo, podrá provocarnos problemas físicos y psicológicos.

Pero la preparación rápida de las comidas siempre es posible. Lo único que se necesita es un mínimo de planificación y preparación. Para mejorar nuestra salud, ahora y en el futuro, es importante que sigamos un régimen de alimentación a base de alimentos frescos preparados de una manera fresca.

EVALUACIÓN DE TU NATURALEZA, EL DOSHA DOMINANTE

*A*lgunas indicaciones antes de empezar

Para cada una de las partes, marca con un ☑ las frases que mejor describen cómo eres o has sido la mayor parte de tu vida y cuenta un punto. Si consideras que hay dos descripciones correctas, marca las dos pero cuenta solamente un punto. Si hay descripciones que no tienen nada que ver contigo, ignóralas.

Esta información te servirá de guía para entender tu propia naturaleza. Responde pues a cada frase de esta evaluación con sinceridad.

¿Cómo evaluar tus respuestas?

Cada persona tiene Vata, Pitta y Kapha en su naturaleza porque estamos compuestos de los cinco elementos.

Una vez hayas terminado la evaluación, suma el total de ☑ en cada parte. La parte en la que tengas más ☑ corresponde a tu tipo de constitución predominante en este momento.

Si hay dos con una puntuación muy parecida, mira en cada parte el número de veces que has marcado un ☑ pero no has contado el punto. ¿Cuál tiene más ☑? Si una de las dos tiene más que la otra, esta podría ser tu constitución. Si no, puede ser que tengas una constitución mixta. Si los resultados de las tres partes son muy parecidos, mira de nuevo el número de respuestas en «el físico» para ver si hay alguna diferencia en este nivel.

El físico

	Sí	Parcialmente Quizás
Soy pequeño y tengo las caderas y los hombros estrechos.		
Soy ligero y me cuesta engordar.		
Tengo poca fuerza.		
Tengo la piel seca, oscura, fría y áspera.		
Tengo el pelo fino, rizado y oscuro.		
Tengo los dientes hacia delante e irregulares.		
Tengo los ojos pequeños, móviles, marrón oscuro, gris o azul pizarra.		
Tengo las uñas frágiles.		
Tengo el pulso rápido, entre 80-100 pulsaciones por minuto.		
Necesito moverme y me canso rápidamente.		

Parte B

	Sí	Parcialmente Quizás
Soy de estatura mediana y tengo una musculatura media y fuerte.		
Mi peso es medio y no tengo problemas para ganar o perder peso.		
Tengo bastante fuerza.		

Tengo la piel clara, rojiza, morena, dulce y caliente.		
Tengo el pelo fino y sedoso, castaño o pelirrojo.		
Tengo los dientes amarillentos y de tamaño mediano.		
Tengo los ojos verdes, grises o color miel y ágiles.		
Tengo las uñas blandas.		
Tengo el pulso moderado, entre 70 y 80 pulsaciones por minuto.		
Me gusta hacer deporte y no me canso.		

Parte C

	Sí	Parcialmente Quizás
Tengo los hombros grandes, las caderas anchas y los músculos bien formados.		
Soy pesado y me cuesta perder peso.		
Tengo mucha fuerza.		
Tengo la piel suave y grasa, casi siempre fría.		
Tengo mucho pelo, muy grueso y moreno.		
Tengo los dientes blancos y grandes.		
Tengo los ojos grandes y marrones.		
Tengo las uñas fuertes.		
Tengo el pulso lento, entre 60 y 70 pulsaciones por minuto.		
Prefiero el deporte sin demasiado esfuerzo.		

Las preferencias

Parte A

	Sí	Parcialmente Quizás
Prefiero los alimentos dulces, salados y áci-dos que los grasos, pesados y calientes.		
Mi apetito y mi digestión son irregulares.		
Sudo poco.		
Tengo un sueño ligero e irregular.		
Hablo rápido.		
Mi estimulación sexual es intensa y ense-guida me canso.		
Me gusta el clima cálido, la alimentación y las bebidas calientes.		
Siempre hago muchas cosas pero me can-so enseguida.		
Siempre estoy estreñido y mis heces son duras y secas.		

Parte B

	Sí	Parcialmente Quizás
Prefiero los alimentos dulces, amargos y astringentes. También los fríos.		
Mi apetito y mi digestión son buenos y necesito comer regularmente.		
Sudo mucho.		
Tengo un sueño bueno pero corto.		
Hablo de forma clara, afilada y precisa.		

Mi estimulación sexual es fuerte, así como el deseo y la actividad sexual.		
Me gusta el clima frío, los alimentos y bebidas fríos.		
Tengo mucha energía y sé gestionarla bien.		
Elimino regularmente y las heces son blandas.		

Parte C

	Sí	Parcialmente Quizás
Prefiero los alimentos secos, ligeros, picantes, amargos y astringentes.		
Mi apetito es regular y la digestión es lenta.		
Sudo moderadamente.		
Tengo un sueño profundo y necesito dormir mucho.		
Hablo lentamente.		
Mi estimulación sexual es lenta y la pasión se mantiene.		
No me gusta lo húmedo.		
Soy poco activo, pero como hago deporte tengo buena resistencia.		
Elimino lenta y abundantemente, y las heces son pesadas.		

Aspectos psicológicos

Parte A

	Sí	Parcialmente Quizás
Soy temeroso, ansioso, inquieto y nervioso.		
Siempre tengo prisa.		
Entiendo fácilmente pero olvido rápidamente.		
Soy creativo y tengo buena imaginación.		
Soy errático.		
Gasto el dinero rápidamente pero no siempre de una forma prudente.		
Cuando me siento amenazado, salgo corriendo en dirección contraria.		

Parte B

	Sí	Parcialmente Quizás
Tengo tendencia a enfadarme fácilmente y puedo ser celoso, impaciente e irritable.		
Soy perfeccionista y organizado.		
Tengo buena memoria viva.		
Soy intelectual y lógico.		
Hago muchas cosas y deseo lograr muchas cosas.		
Ahorro moderadamente.		
Cuando me siento amenazado, peleo.		

	Sí	Parcialmente Quizás
Soy una persona feliz, pacífica y posesiva.		
Soy tolerante y amable.		
Dedico tiempo a entender las cosas pero una vez entendidas, no las olvido.		
Me organizo bien y ayudo a los demás.		
Soy estable y regular, y mi vida es en general relajada.		
Me gusta ahorrar mucho.		
Cuando me siento amenazado, me retiro.		

Tu naturaleza/dosha predominante

La parte **A** se refiere a las cualidades **Vata**.
La parte **B** se refiere a las cualidades **Pitta**.
La parte **C** se refiere a las cualidades **Kapha**.

Suma el total de puntos de cada parte:

Puntos en la parte A: ....

Puntos en la parte B: ....

Puntos en la parte C: ....

Tu naturaleza/*dosha* dominante (la que tenga más puntos): ....

Tu naturaleza/*dosha* secundario (la segunda con más puntos): ....

EJERCICIO DE CONCIENCIA

Sensación de vitalidad gracias a una alimentación equilibrada

¿Te preguntas cómo tener una «sensación de vitalidad» haciendo comidas equilibradas? Pues aquí tienes un ejercicio de conciencia. Anota tus respuestas en un papel.

1. ¿Te das cuenta de lo que comes?

2. ¿Te das cuenta de la razón que te impulsa a comer y de por qué eliges unos alimentos y no otros?

3. ¿Te has parado a pensar en qué condiciones comes (de pie, sentado, solo...)?

4. ¿Eliges el lugar y la hora de comer?

Desarrollar el conocimiento y la conciencia sobre el tema de la alimentación cotidiana es una forma muy importante de empezar a aprender cómo comer en todos los niveles.

1. Lo que comes. Para darte cuenta de lo que comes, has de ser consciente de la calidad de tus alimentos y de la forma en que los preparas, y conocer tus necesidades en cada temporada o las de un momento determinado en tu vida. También es importante que utilices los productos de temporada y de proximidad.

Acción propuesta: en otoño, por ejemplo, está bien preparar pequeños platos ligeros, líquidos y grasos. Es la estación en la que tenemos que abandonar ciertas cosas. Al reducir la carga sobre nuestro sistema digestivo empleamos menos energía.

Según en qué etapa de tu vida estés, necesitarás un modelo de alimentación u otro. Por ejemplo, los niños necesitan una alimentación más pesada para construir sus tejidos, mientras que una persona mayor necesitará comidas líquidas y menos grasas.

2. La razón. Se trata de pensar en qué te impulsa a comer y qué te impulsa a comer lo que comes. ¿Comes para sobrevivir o vives para comer?

Acción propuesta: antes de abrir la boca, piensa en las razones por las que comes.

3. Las condiciones. Es importante comer en condiciones que favorezcan una buena digestión.

Acción propuesta: para un momento y reflexiona en lo que comes. Come lentamente y presta atención a tu comida para tomar conciencia de la forma en que tu cuerpo y tu mente reaccionan ante los diferentes alimentos y ante las diferentes formas de preparación. Si tienes buena salud, piensa en hacer una vez al mes una monodieta (es decir, no comer más de un alimento cada vez) durante un día para volver a conectar con tu cuerpo y darle un descanso a tu sistema digestivo.

4. El lugar y la hora. Lo ideal es un entorno tranquilo y un horario regular. La tranquilidad y la rutina ofrecen cierto equilibrio y seguridad. El cuerpo está listo y es más capaz de digerir más eficazmente en momentos de tranquilidad. Utilizaremos pues menos energía durante la digestión.

Acción propuesta: si ya has elegido el lugar y la hora, sé consciente del efecto que tienen en tu cuerpo. Si crees que todavía no los has elegido, piensa por qué. El hecho de crear unos momentos de pausa y tranquilidad entre el ritmo frenético de la vida también te ayudará a crear paz en tu interior.

Es importante que te des cuenta de aquello que te aporta equilibrio. Después, puedes aplicar este conocimiento a la preparación de la comida y al acto de comer para conseguir esta vitalidad.

Índice de recetas

- Aperitivo energético 84
- Arroz *basmati* (cómo prepararlo) 47
- Arroz pilaf 64
- Arroz y legumbres a la caribeña 67
- Arroz y lentejas 68
- Bebida caliente con jengibre y canela 85
- Bebida caliente con limón y jengibre 85
- Bebida con especias 86
- Bolitas con dátiles y nueces/semillas 82
- Curri de garbanzos y verduras 56
- Curri de judías verdes 55
- Dosas de harina de trigo 57
- Ensalada caliente de mijo y semillas 70
- Ensalada de trigo sarraceno caliente 69
- Especias (cómo prepararlas) 46
- Especias (cómo tostarlas) 53
- *Ghee* (cómo prepararlo) 48
- *Halva* con semillas de sésamo 80
- *Halva* de sémola 83

● Infusión de menta y agua de rosas 88

● *Kitcheree* (con una arrocera) 58

● Leche de almendras... 87

● Legumbres (cómo prepararlas) 50

● Mijo (cómo prepararlo) 51

● Mijo pilaf 63

● *Muffins* de sémola de maíz 62

● Pan (cómo prepararlo) 49

● Pasta casera (cómo prepararla) 49

● Pastel de especias 81

● Puré de semillas tostadas 65

● Quinua (cómo prepararla) 51

● Quinua con verduras... 66

● Salsa de ensalada simple.. 73

● Salsa de garbanzos 72

● Salsa de piñones 73

● Salsa de semillas de girasol 71

● Sémola caribeña... 74

● Sémola de cuscús (cómo prepararla) 47

● Sopa de calabacín 76

● Sopa de lentejas con albóndigas... 78

● Sopa de maíz y patatas.. 75

● Sopa de *mung dahl* y verduras con albóndigas.................... 79

● Sopa de verduras y quinua 77

● Trigo sarraceno (cómo prepararlo)... 46

● Verduras al curri 59

● Verduras al vapor (cómo prepararlas) 52

● Verduras salteadas con especias... 61

● Zanahoria con cilantro y jengibre.. 54

Mismos alimentos, diferentes formas de llamarlos en el mundo

- **Aceituna:** *oliva.*
- **Aguacate:** *palta, avocado.*
- **Ajetes:** *ajos tiernos.*
- **Albahaca:** *alábega, alfábega.*
- **Alcachofa:** *alcací, alcuacil.*
- **Alcaparra:** *cápara, pápara, capperi.*
- **Alga marina:** *cochayuyo, ulte.*
- **Alubia:** *habichuela, frijol, judía.*
- **Amapola, semilla de:** *semilla de adormidera.*
- **Apio:** *arracacha, celery.*
- **Azafrán:** *bijol, brin, zafrón.*
- **Bacalao:** *abadejo*
- **Berenjena:** *alicón, berinjuela, pepino morado.*
- **Boniato:** *camote, achín, ñame, papa dulce.*
- **Boquerón:** *camaiguana, anchova.*
- **Butifarra negra:** *morcilla.*
- **Caballa:** *macarela.*
- **Cacahuete:** *maní*
- **Calabacín:** *zapallito, zapallito italiano, zambo.*
- **Calabaza:** *ayuma, zapallo.*
- **Cebada:** *cereal.*
- **Cebolleta:** *cebollín, cebolla china.*
- **Cebollino:** *cebollín, cebolla de verdeo.*
- **Cerdo:** *chancho, puerco.*
- **Cilantro:** *coriandro.*
- **Champiñón:** *seta.*
- **Ciruela:** *cojote.*
- **Cochinillo:** *lechón.*
- **Col lombarda:** *repollo morado.*
- **Col:** *repollo, berza.*
- **Coliflor:** *brécol.*
- **Comino:** *kummel.*
- **Cordero:** *borrego.*
- **Coriandro:** *cilantro.*
- **Cúrcuma:** *palillo, turmenc.*
- **Fresa:** *frutilla.*
- **Garbanzo:** *mulato.*
- **Guisante:** *arveja, chícharo.*
- **Hervir:** *salcochar.*

- **Hinojo:** *finocchio, funcho.*
- **Jamón:** *pernil.*
- **Jengibre:** *gengibre, kión.*
- **Judía blanca:** *poroto, frijo, faba.*
- **Judía verde:** *chaucha, ejote, bajoca, poroto verde, vaina.*
- **Langostino:** *camarón rojo, langostino.*
- **Lentejas:** *lentilhas.*
- **Limón:** *citrón.*
- **Maíz:** *choclo, abatí, elote, cenancles.*
- **Mayonesa:** *mahonesa.*
- **Mejillón:** *chorito, choro, conchas negras.*
- **Melocotón:** *durazno.*
- **Menta:** *hierbabuena.*
- **Mostaza:** *jenabe, mostazo.*
- **Nabo:** *cayocho.*
- **Patata:** *papa.*
- **Pimentón:** *chile en polvo.*
- **Pimiento:** *chiles, ají, conguito, chilchote.*
- **Pistacho:** *alfóncigo.*

- **Puerro:** *poro, porro, porrón.*
- **Puré de patata:** *naco.*
- **Quinoa:** *quinua.*
- **Remolacha:** *betabel, terraga.*
- **Romero**: *rosmarino, rosmarín.*
- **Sandia:** *Patilla, aguamelón.*
- **Sofreír:** *saltar.*
- **Soja:** *soya.*
- **Tomate:** *jitomate.*
- **Zanahoria:** *azanahoria, cenoura.*

OTROS TÍTULOS DE INTERÉS

Amat
editorial

De la cocina a la mesa en 10 minutos

Fundación Alícia
ISBN: 9788497356688
Págs: 96

Conocer cuáles son los alimentos para seguir una alimentación equilibrada y cuál es su tiempo de preparación. Recetas para microondas desarrolladas junto con Fundación Alícia. Recetas que prepararás en tan sólo 10 minutos y en 3 pasos y con las que además podrás conocer los trucos y consejos necesarios para mejorar el resultado de tus platos.

Cocina sana en 10 minutos

Isma Prados
ISBN: 9788497358088
Págs: 112

Cocina sana en 10 minutos no es sólo una recopilación de recetas saludables. En este libro el cocinero Isma Prados nos explica cuáles son las familias de los alimentos, nos enseña a seleccionar y combinar los mejores ingredientes, nos sugiere cómo ahorrar tiempo en la cocina y nos da ideas para elaborar un menú variado en pasos sencillos y asequibles.

www.amateditorial.com

Mix it

Lena Suhr

ISBN: 9788497358668
Págs: 128

Sácale partido a tu batidora, con la que podrás preparar desde leche de almendras tostadas hasta un batido verde de arándanos con kombucha, barritas cremosas de anacardos o cuscús con fresas. Este fantástico libro te ofrece 120 recetas sabrosas y variadas, tu pequeña dosis de energía diaria.

Cocina sana con el método del plato

Fundación Alícia

ISBN: 9788497358842
Págs: 112

El método del plato es una técnica que utiliza el plato como herramienta de medición para garantizar una alimentación sana y equilibrada, de una manera práctica y sencilla. Este sistema asegura que nuestras comidas contengan siempre una representación adecuada de verduras y hortalizas, farináceos y alimentos proteicos sin tener que pesarlos, solamente teniendo en cuenta las necesidades de quien va a comer y disponiéndolos en un plato antes de cocinarlos.

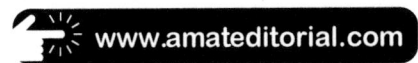